道徳教育と道徳科の授業展開

小林幹夫　編著

堀家千晶・樋口郁代・大原龍一　著

明星大学出版部

はじめに

　平成27年3月、学習指導要領の一部改正により、これまでの「道徳の時間」を「特別の教科　道徳」（道徳科）として位置付けられ、学校における道徳教育の大きな転換期を迎えることになった。小学校では平成30年度（中学校平成31年度）から「特別の教科　道徳」（道徳科）として完全実施となる。

　道徳教育は昭和33年の学習指導要領の改訂において教育課程の一領域に位置付け、週1時間の「道徳の時間」が特設され道徳的実践力の向上を図ってきた。その後、数次の学習指導要領改訂においても、道徳教育に関する基本的な考え方は大きく変わっていなかったが、今次の改訂では、いじめの問題が深刻な状況にある中、制度改革だけでなく、道徳教育の重要性の認識とともに道徳教育の抜本的な充実を図ることとした。

　また、平成29年3月に全面改訂された学習指導要領では、「主体的・対話的で深い学び」の視点に立った授業改善が求められている。道徳教育においては、他者と共によりよく生きるための基盤となる道徳性を育むため、答えが一つではない道徳的な課題を一人一人の児童生徒が自分自身の問題として捉え、向き合う「考え、議論する道徳」を実現することが、「主体的・対話的で深い学び」を実現することになるといえる。その基盤として、多様な意見を受け止め、互いに認め合える児童生徒相互の温かな学級の雰囲気が保たれている学級経営の充実が欠かせない。

　本書では、学習指導要領の趣旨及びこれまで長年積み重ねてきた具体的な授業実践を基盤に、改善すべき事項は課題として整理し編集した。道徳教育の必要性と重要性を再認識し、学校における道徳教育を一層推進していくことを願っている。なお、執筆に当たっては前書『道徳教育の指導法（小学校）』（明星大学出版部　平成27年7月10日第5版）を参考・引用した。

著者一同

目　　次

第1章　学習指導要領改訂の背景

第1節　改訂の経緯……………………………………………………………　3

第2節　改訂の基本方針………………………………………………………　5

第3節　改訂の要点……………………………………………………………　6

第2章　道徳教育の基本的な考え方

第1節　道徳とは何か…………………………………………………………　9

第2節　道徳教育の必要性……………………………………………………　13

第3節　豊かな体験の充実……………………………………………………　15

第4節　いじめの防止と安全の確保…………………………………………　17

第5節　情報モラルと現代的な課題…………………………………………　19

第6節　家庭、地域社会との連携……………………………………………　22

第3章　道徳教育

第1節　道徳教育の目標………………………………………………………　27

第2節　道徳教育の全体計画…………………………………………………　30

第3節　指導内容の重点化……………………………………………………　34

第4節　道徳教育と道徳科……………………………………………………　37

第4章　道徳科の指導

第1節　道徳科の特質……………………………………………………… 39

第2節　「考え、議論する道徳」への転換 ……………………………… 42

第3節　小学校の道徳科…………………………………………………… 50

　1．目標…………………………………………………………………… 50

　2．内容項目……………………………………………………………… 53

　3．道徳科の特質を生かした学習指導の実践例……………………… 59

　　学習指導案例1………………………………………………………… 59

　　学習指導案例2………………………………………………………… 68

　　学習指導案例3………………………………………………………… 75

　　学習指導案例4………………………………………………………… 85

　　学習指導案例5………………………………………………………… 92

　　学習指導案例6……………………………………………………… 101

第4節　中学校の道徳科………………………………………………… 110

　1．目標………………………………………………………………… 110

　2．内容項目…………………………………………………………… 115

　3．道徳科の特質を生かした学習指導の実践例…………………… 120

　　学習指導案例1……………………………………………………… 120

　　学習指導案例2……………………………………………………… 128

　　学習指導案例3……………………………………………………… 134

　　学習指導案例4……………………………………………………… 140

第5節　道徳科の学習…………………………………………………… 146

第6節　道徳科の特質を生かした指導方法の工夫………………… 151

第7節　指導計画の取り扱いと配慮事項…………………………… 155

第8節　道徳科の指導における教師の配慮事項…………………… 161

第5章　学習指導案の書き方

第1節　道徳科の一般的な学習指導過程……………………………… 173

第2節　取り上げられる事項…………………………………………… 177

第6章　道徳科の評価

………………………………………………………… 181

内容項目一覧……………………………………………………………… 190

道徳教育と道徳科の授業展開

小林幹夫　編著

堀家千晶・樋口郁代・大原龍一　著

第1章　学習指導要領改訂の背景

第1節　改訂の経緯

　道徳教育は昭和33年の学習指導要領の改訂において教育課程の一領域に位置付けられ、週1時間の「道徳の時間」が特設された。当時の学習指導要領では、「学校における道徳教育は、本来、学校の教育活動全体を通じて行うことを基本とする。したがって、道徳の時間はもちろん、各教科、特別教育活動および学校行事等学校教育のあらゆる機会に、道徳性を高める指導が行われなければならない。」と示されている。道徳教育の目標については、「教育基本法および学校教育法に定められた教育の根本精神に基く。」こと、更には、道徳の時間においては「各教科、特別教育活動及び学校行事等における道徳教育と密接な関連を保ちながら、これを補充し、深化し、統合し、又はこれとの交流を図り、児童（生徒）の望ましい道徳的習慣、心情、判断力を養い、社会における個人のあり方についての自覚を主体的に深め、道徳的実践力の向上を図るように指導するものとする。」ことを明記していた。

　それ以来、学校や児童生徒の実態などに基づき充実した指導を重ね、児童生徒の道徳性の育成に成果を上げている学校がある一方で、歴史的

第1章　学習指導要領改訂の背景

経緯に影響され、いまだに道徳教育そのものを忌避しがちな風潮があること、他教科に比べ軽んじられていること、読み物の登場人物の心情理解のみに偏った形式的な指導が行われる例があることなど、多くの課題が指摘されている。

　文部科学省は中央教育審議会の「道徳に係る教育課程の改善等について」答申を踏まえ、平成27年3月の学習指導要領の一部改正によって、「特別の教科」としての「道徳科」へと位置付け直され、道徳教育全体への抜本的改善が図られることとなった。その理由として、

　まず、内閣の諮問機関である教育再生実行会議が、平成25年2月にまとめた提言の中に、いじめなどの深刻な問題の状況が顕在化する中「道徳の特性を踏まえた新たな枠組みにより教科化し、指導内容を充実し、効果的な指導方法を明確化する」ことを提議した。より効果のある確かな道徳授業の展開を軸とした道徳教育への改善と充実を求めたのである。

　この提言を基に、文部科学省は同年3月に「道徳教育の充実に関する懇談会」を設置した。報告には、「各学校においては、特定の指導方法を絶対化することなどにより、道徳教育の授業が画一的なものとなったり、教師の一方的な押し付けにつながったりすることのないよう留意しつつ、柔軟でバランスの取れた指導方法の開発・実践に努めていただきたい」そして道徳授業について「教師間で切磋琢磨し合って優れた道徳教育の指導方法を生み出していくこと」が期待されるとも記した。その中で道徳の時間を通常の教科とは異なる性格をもった「特別の教科　道徳」として新たに位置付ける方向が打ち出されたのである。

　続いて、中央教育審議会は、これらの提言と報告を踏まえ、平成26年10月に答申「道徳に係る教育課程の改善等について」が提出され、この中で道徳教育の要である道徳の時間については、

　①　「道徳の時間」を「特別の教科　道徳」（仮称）として位置付ける

こと

② 目標を明確で理解しやすいものに改善すること

③ 道徳教育の目標と「特別の教科 道徳」(仮称)の目標の関係を明確にすること

④ 道徳の内容をより発達の段階を踏まえた体系的なものに改善すること

⑤ 多様で効果的な道徳教育の指導方法へと改善すること

⑥ 「特別の教科 道徳」(仮称)に検定教科書を導入すること

⑦ 一人一人のよさを伸ばし、成長を促すための評価を充実すること

など、道徳教育の改善・充実に向けて必要な事項が示された。

　文部科学省ではこの答申を踏まえて、平成27年3月27日に学校教育法施行規則を改正するとともに、小学校学習指導要領、中学校学習指導要領及び特別支援学校小学部・中学部学習指導要領の一部改正の告示を公示した。

第2節 改訂の基本方針

　今回の改訂は、前述の中央教育審議会答申を踏まえ、次のような方針の下で行った。

① これまでの「道徳の時間」を要として学校の教育活動全体を通じて行うという道徳教育の基本的な考え方を、適切なものとして今後も引き継ぐとともに、「道徳の時間」を「特別の教科 道徳」(道徳科)として新たに位置付けた。

② 目標を明確で理解しやすいものにするとともに、道徳教育も道徳科も、その目標は、最終的には「道徳性」を養うことであることを前提としつつ、各々の役割と関連性を明確にした分かりやすい規定とした。

第1章　学習指導要領改訂の背景

③　道徳科においては、内容をより発達の段階を踏まえた体系的なも
のとするとともに、指導方法を多様で効果的なものとするため、指
導方法の工夫等について具体的に示すなど、その改善を図った。

　道徳教育の充実を図るため、学校の教育活動全体を通じて行う道徳教
育とその要としての道徳の時間の役割を明確にした上で、児童（生徒）
の道徳性を養うために、適切な教材を用いて確実に指導を行い、指導の
結果を明らかにしてその質的な向上を図ることができるよう、教育課程
の改善を図った。

第3節　改訂の要点

学習指導要領の一部改正の概要

①　学校の教育活動全体を通じて行う道徳教育に関することは、「第
1章総則」に、「特別の教科である道徳」（以下「道徳科」という）
に関することは、「第3章　特別の教科　道徳」にそれぞれ示した。

②　学校の教育活動全体を通じて行う道徳教育の目標は、子供の道徳
性を養うという趣旨を明確にするとともに、道徳科の目標は、育成
すべき資質・能力を明確にした。

③　内容は、いじめの問題への対応の充実や、子供の発達の段階を基
に体系的なものに改善を図った。

④　道徳科における指導上の配慮事項については、道徳科の特質を生
かした問題解決的な学習、道徳的行為に関する体験的な学習等を適
切に取り入れるなど指導方法を工夫することなどを例示した。

⑤　道徳科の教材については、子供の発達の段階に即し、ねらいを達
成するのにふさわしいものであることや、多様な見方や考え方ので
きる事柄を取り扱う場合には、特定の見方や考え方に偏った取扱い
がなされないものであることなどの観点に照らし適切と判断される

第3節　改訂の要点

ものであることと留意事項を示した。

⑥　道徳科では、子供の学習状況や道徳性に係る成長の様子を継続的に把握し、指導に生かすよう努める必要があることとし、数値などによる評価は行わないことは、従前通りとした。

今回の改正は、いじめの問題への対応の充実や発達段階をより一層踏まえた体系的なものとする観点からの内容の改善、問題解決的な学習を取り入れるなどの指導方法の工夫を図ることなどを示したものとなっている。このことにより、「特定の価値観を押し付けたり、主体性をもたず言われるままに行動するよう指導したりすることは、道徳教育が目指す方向の対極にあるものと言わなければならない」、「多様な価値観の、時に対立がある場合を含めて、誠実にそれらの価値に向き合い、道徳としての問題を考え続ける姿勢こそ道徳教育で養うべき基本的資質である」とし、発達段階に応じ、答えが一つでない道徳的な課題を一人一人の児童生徒が自分自身の問題と捉え、向き合う「考える道徳」「議論する道徳」へと転換を図るものである。

また、道徳教育の目標について、「自己の生き方を考え、主体的な判断の下に行動し、自立した人間として他者と共によりよく生きるための基盤となる道徳性を養うこと」と簡潔に示した。

参考文献

(1)　小学校学習指導要領解説総則編　文部科学省　平成29年7月

(2)　中学校学習指導要領解説総則編　文部科学省　平成29年7月

(3)　小学校学習指導要領解説特別の教科　道徳編　文部科学省　平成29年7月

(4)　中学校学習指導要領解説特別の教科　道徳編　文部科学省　平成29年7月

第2章　道徳教育の基本的な考え方

第1節　道徳とは何か

　道徳という言葉の意味を辞書に求めると、「人のふみ行うべき道。ある社会で、その成員の社会に対する、あるいは成員相互の行為の善悪を判断する基準として、一般に承認されている規範の総体。法律のような外面的強制力を伴うものではなく、個人の内面的な原理。」(「広辞苑」第六版) とある。ここに示されているように道徳という言葉には、道という言葉から導かれる「規範の総体」という意味と、徳という言葉から導かれる「個人の内面的な原理」という意味がある。

　人間は社会的存在であるということは、誰もが認める事実である。また社会を構成する成員個人に対して、あるいは成員間において行為を規制するものとして存在するのが社会規範である。道徳は上述にあるように社会規範のひとつであるが、「個人の内面的な原理」でもあるという点で、他の社会規範とは異なる特質をもっている。道徳の特質を明らかにするために、以下において道徳を他の社会規範、特に慣習、法の2つと対比してみよう。

　まず、慣習である。慣習は、ある社会で歴史的に発達し、その社会の

第2章　道徳教育の基本的な考え方

成員に広く承認されている伝統的な行動様式であるが、以下の3つの特質があると考えられる。

第1に、慣習は人間の生活や行動の外面、表面を規制する規範である。別の言い方をすれば、慣習は表面的、外面的に従っていれば社会的に容認されるという性質の規範である。そこでは、内面性や精神性までは要求されていない。無論、内面性や精神性が排除されるということではないが、とにかく従うことが要求されるということである。地域の伝統行事への協力、冠婚葬祭における振る舞いなど、特定の社会内でその一員として生活していく場合、慣習に従っていれば他の成員との間に問題は発生しないが、それを拒むと他の成員との間に何らかの軋轢が生じたり、居場所を失ったりすることもあるだろう。

第2に、慣習は場所や時代が変わると変化するという特質をもつ規範である。場所や時代が変わるということは、社会そのものが変わるということを意味する。したがって、慣習は社会の変化につれて変化していくのである。上述の例でいえば、地域の伝統行事については、住民の移動や行事の担い手としての若者の減少、さらには価値観の多様な時代にあって変化の渦中にある行事もあり、冠婚葬祭においても新しい様態が次々に現れている現状がある。慣習はそれが定着している限りは社会の秩序維持に貢献するといえるが、それ自体が社会を変える力はもたないという点では保守的な規範であるといえよう。

第3に、慣習は無自覚的、無批判的に従われる傾向が強いということである。この特質は、上述の2つの特質にも関連している。第2の特質からいえることは、慣習を変えるためにはその社会の様々な面を変えなければならないということである。ある個人が慣習のもっている不合理な面を指摘し、慣習を変えようとすると第1の特質で述べたように、何らかの軋轢が生じたり、居場所を失ったりすることになりかねないので

10

第1節　道徳とは何か

ある。内面的に考え、思いは別にして、ともかく外面的、表面的にでも慣習に従うことが、その社会における安定した立場を占めることができるのである。

次に、社会規範としての法について検討しよう。

第1に、法は慣習と同じく人間の生活や行動の外面、表面を規制するものであるが、強制力をもつきわめて強力な規範である点で慣習とは相違する。法は、それに従うことを強制し、もし違反すれば制裁が加わる。しかし、強制力をもつ強力な規範とはいえ、合法、適法であれば何をしてもよいという解釈を生み、法の規制の及ばない巨悪な行為を見逃すこともありうるのである。例として、社会に大きな影響力をもつ政治家や官僚そして大企業の幹部などの不祥事がしばしば社会的な話題となることなどを指摘できるであろう。

第2に、法は、これも慣習と同じであるが、場所や時代が変わると変化するという特質をもつ。場所が変わると法が変わるという例としては、国が異なれば法も異なるということを指摘すればよいであろう。また時代が変われば法も変わる例として、我が国の2つの憲法、すなわち大日本帝国憲法と日本国憲法の相違を指摘できるであろう。

第3に、法は、慣習とは異なり、意識的に批判的に従われる傾向が強いということである。法は、違反すると罪が成立し罰が課せられる。したがって、ある個人・組織体が法について無知であることは、時として重大な不利益を被ることになりかねない。このことは、法についてわれわれが意識的、批判的であることの理由のひとつであるだろう。また、法に対して意識的、批判的である故に、人は積極的に法に関わり法を変え、法を変えることにより社会を変えていくという可能性をもっているのである。

そして道徳についてはどうであろうか。上述したように道徳は、社会

11

第2章　道徳教育の基本的な考え方

規範であると同時に「個人の内面的な原理」であるので慣習や法とは大きく異なる特質をもっている。

　第1に、道徳は、人間の生活や行動の内面、精神面にまで規制力を及ぼすのである。この内面、精神面まで及ぶ規制力は、主として人間の行為に先立つ動機に対して働くと考えることができる。この領域においては慣習も法もほとんど無力といえるであろう。しかし、動機はあくまでも動機であり、いわば行為の出発点のようなものであるから、到達点としての行為そのものとその結果には姿をあらわさないことがある。したがって、ある行為の動機が道徳的なものであるとしても、行為そのものからは動機が道徳的なものであるかどうかは判定できない場合がある。

　第2に、道徳は、原則として、場所や時代が変わっても変化しないという特質をもつ。このことは一般に、道徳は不変である、といわれていることを示している。たとえば、「旧約聖書」の「モーゼの十戒」にある「人を殺してはならない」、「盗んではならない」、「偽証してはならない」といった戒律は現代のあらゆる場面で生きていると考えられる。不変ではあるが、「安楽死」や「尊厳死」の問題、重篤な患者への医師による病名告知などにみられるように、道徳の不変性が揺らぐ問題もあり、この第2の特質を「原則として」とした所以である。

　第3に、道徳は、自覚的、主体的、自発的に従われるものである。したがって、無意識的な行為は道徳的行為とは言えないし、また、偶然的な行為、他人によって促されてする行為も道徳的行為とは言えないのである。さらに、自覚的、主体的、自発的な行為が不十分な発達段階にある乳幼児期において道徳的行為は困難である。

　以上、道徳を慣習や法と比較し検討してきた。道徳は、社会規範の意味合いと個人の内面的な原理という2つの意味合いを内包するところに他の社会規範と相違する特質が明らかにされたが、道徳という言葉が内

12

包するこの２つの意味合いは、道徳教育においては重要である。すなわち、そのどちらを強調するかによって道徳教育の考え方、展開が異なるからである。

道徳とは何かについては、様々な角度からいろいろな説明の仕方がある。本節では、前書の『道徳教育の指導法』（明星大学出版部、平成27年）のP.3 ～ P.7を引用した。

第２節　道徳教育の必要性

人間は誰もが人間として生きる資質をもって生まれてくる。しかし、生を受けた瞬間から道徳的に生きることを意識したり、自覚したりしているわけではない。道徳教育は、人間としてよりよく生きたいという願いやよりよい生き方を求め実践する人間の育成を目指し、その基盤となる道徳性を養う教育活動である。

道徳は、一人一人が人間としてどう生きていくかに関わる個人的な課題であるが、人と人との関わりにおいても求められていることから、社会的存在としていかによりよい人間関係を築くかという課題でもある。人間社会は、人格としての個人と個人が関わり合いながら生活をともにするところに成り立つ社会集団である。よりよい人間関係を築くためには、個々人の規範や価値観などが存在するが、その規範や価値観などをどのように内面化し、自己の望ましい生き方・あり方として身に付けていくかが、道徳教育の役割である。

しかし、よりよい生き方を求めていくのは、人と人との関係だけでなく、日常生活における様々な関わりを通してである。学習指導要領では、「Ａ　主として自分自身に関すること」「Ｂ　主として人との関わりに関すること」「Ｃ　主として集団や社会との関わりに関すること」「Ｄ　主として生命や自然、崇高なものとの関わりに関すること」の４つの視点によ

13

第2章　道徳教育の基本的な考え方

って内容項目を構成し、教育活動全体において基本的な道徳的価値の育成を図ることになっている。それぞれの関わりにおいて、人間らしいよさを求め、人格の形成を図っていくところに道徳の意味があるのである。道徳的価値について理解し、意識を高めるだけでなく、道徳的価値を日常生活において具体的な行為として表すなど、学校での指導内容が、日常生活の中に反映できるよう育てることが大切である。

　近年、教育課題として取り上げられる家庭・地域社会の教育力の低下は、幼児期から少年期にかけての行為や意識の変化に危惧する状況も見られ、ルールやマナー、社会規範、善悪の判断、生命の尊重など、学校教育において指導することが一層期待されている。

　家庭は、人格の基礎を形成する場として重要である。保護者の生活態度や行為の仕方等を通して礼儀や思いやりなど人間としての生活に必要な基本的な道徳的価値を身に付けていく。中でも躾は、社会生活を営む上において、人間としての常識や生活の仕方など、保護者が意図的に行う道徳教育と言える。

　小学校学習指導要領解説道徳編（平成20年）において「家庭は、人格の基礎を形成する場として重要である。子どもは、乳幼児期からの具体的な体験を通して、保護者に愛着をもつとともに、基本的信頼感をはぐくみそれに基づいて心が発達する。家庭で身に付ける基本的な生活習慣や価値観は、その後の学校生活や社会への適応などにも大きな影響を与える」と示している。また、地域社会については「地域社会は、様々な人々や集団、多様な文化に触れ、活動しながら、人格を形成していく場として重要である。また、急激な社会の変化の中で行動範囲を広げ、多様な情報に接しながら生きている子どもの現実を考えるとき、地域社会が担っている道徳教育の役割は大きい」と示され、道徳教育は、学校教育はもとより、家庭や地域社会における教育にとっても重要な課題とい

える。

このように児童生徒の道徳性は、家庭や地域社会を含めたすべての環境の影響によって育まれるものであり、とりわけ、基本的な生活習慣の確立や規範意識などの基本的な倫理観の育成、道徳的実践の指導の面では、家庭や地域社会の果たす役割は大きいことから、学校、家庭、地域社会の三者の連携が重要である。学校で指導した内容が、家庭や地域社会の生活の中に反映されなければならないとともに、家庭、地域社会の取り組みが学校の生活の中に生かされなければならないと考える。

道徳教育は「人生いかに生きるべきか」という生き方の問題と言い換えることができる。学校における道徳教育は、幼児期の指導から小学校、中学校へと、各学校段階における幼児児童生徒が見せる成長の発達の様子やそれぞれの段階の実態等を考慮して、適切に指導を進めなくてはならない。その要が道徳科の授業である。

第3節　豊かな体験の充実

児童生徒は、学校生活や日常生活において様々な体験をする中で、感動したり驚いたりしながら考えを深め、実際の生活や社会、自然の在り方を学んでいく。つまり、体験活動は、人々や社会、自然との関わりの中で展開され、社会規範や社会貢献の在り方、人としての暮らし方や振る舞い方、自然との共存等様々なことを学び、社会性や共に生きる力を育む重要な役割を有している。

体験活動の充実は、自らの人間性を豊かにするとともに、どのように行動し振舞うか、どのように生きることが望ましいのかといった価値の判断力や選択能力を育むことにも繋がる。特に直接体験の機会が少ない現代において、児童生徒一人一人が主体的に知識や思考を働かせよりよい生活を創り出していく体験活動を推進することは、極めて大切なこと

第2章　道徳教育の基本的な考え方

である。

　小（中）学校学習指導要領解説総則編第6の3では、

3　学校や学級内の人間関係や環境を整えるとともに、集団宿泊活
　動（職場体験）やボランティア活動、自然体験活動、地域の行事
　への参加などの豊かな体験を充実すること。また、道徳教育の指
　導内容が、児童（生徒）の日常生活に生かされるようにすること。
　その際、いじめの防止や安全の確保等にも資することとなるよう
　留意すること。

と示されている。

　集団生活を通して協力して役割を果たすことの大切さなどを考える集
団宿泊活動、望ましい勤労観・職業観を育むことができる職場体験活動、
社会の一員であるという自覚と互いが支え合う社会の仕組みを考え、自
分自身を高めるためのボランティア活動、自然や動植物を愛し、大切に
する心を育てるための自然体験活動など、児童生徒の道徳性が養われる
ものが多い。

　また、各学校においては学校の実情や児童生徒の実態を考慮し、豊か
な体験の積み重ねを通して児童生徒の道徳性が養われるよう、教育活動
全体において計画すべきであるが、体験活動を通して道徳教育に関わる
どのような内容を指導するのか、指導の意図を明確にしておくことが必
要であり、実施計画にもこのことを明記することが必要である。

　さらに、地域社会の行事への参加も、幅広い年齢層の人々と接し、人々
の生活、文化、伝統に親しみ、地域社会に対する愛着を高めるだけでな
く、地域社会への貢献などを通じて社会に参画する態度を育てるなど道
徳性を養う豊かな体験となる。近年、地域社会が連携、協力した防災訓

16

練や奉仕活動、自然体験活動など積極的に行われ学校も参加することもある。その場合には、その行事の性格や内容を事前に把握し、学校の目標や年間の指導計画との関連を明確にしながら児童の豊かな体験が充実するよう進めることが大切である。

第4節　いじめの防止と安全の確保

ア　いじめ防止

　いじめは、児童生徒の心身の健全な発達に重大な影響を及ぼし、ともすると不登校や自殺などを引き起こす背景ともなる深刻な問題である。しかも、近年のいじめは携帯電話やインターネット、スマートフォンの介在により、一層見えにくくなっている。いじめはどの児童生徒にも、どの学校にも起こり得るものであること、また、誰もが被害者にも加害者にもなり得るものであることを十分認識し、子供から大人まで、社会全体でいじめの防止等の指導を充実させていく必要がある。

　いじめは、加害者と被害者という二者関係だけで成立しているのではなく、「観衆」としてはやし立てたり面白がったりする存在や、周辺で暗黙の了解を与えている「傍観者」の存在によって成り立っていることを見落としてはならない[1]。

　いじめ問題への対応として、教育再生実行会議の第一次提言では制度改革だけでなく、本質的な問題解決に向かって歩みだすことが必要であり、心と体の調和の取れた人間の育成の観点から、道徳教育の重要性を改めて認識し、その抜本的な充実を図るとともに、新たな枠組みによって道徳の教科化が提言されてきたのである。また、平成25年9月から「いじめ防止対策推進法」が施行されている。いじめ防止等と道徳教育との関連を考えた場合、同法15条の中に「児童等の豊かな情操と道徳心を培い、心の通う対人交流の能力の素地を養うことがいじめの防止に資する

第2章　道徳教育の基本的な考え方

ことを踏まえ、全ての教育活動を通じた道徳教育及び体験活動等の充実を図らなければならない。」と示されている。

児童生徒一人一人に「いじめは人間として絶対に許されない」という認識とともに、いじめは対人関係における問題であるという視点に立ち、互いのよさや違いを認め合う心の結びつきを深めることが重要である。人間としてよりよく生きるとはどういうことか、そのための課題は何かを理解し、人間の弱さや愚かさを踏まえて困難に立ち向かう強さや気高さを培い、人間らしい生き方をすることが人間の尊厳であり誇りであることを自覚する指導が不可欠なのである。

道徳教育においては、道徳科を要とし、教育活動全体を通して、生命を大切にする心や互いを認め合い、協力し、助け合うことのできる信頼感や友情を育むことをはじめとし、節度ある言動、思いやりの心、寛容な心などをしっかりと育てることが大切である。そして、学んだことが、日常生活の中で、よりよい人間関係やいじめの防止等に児童生徒が主体的にかかわる態度へとつながっていくのである。

とりわけ中学校では、生徒自身が主体的にいじめの問題の解決に向けて行動できるような集団を育てることが大切とされている。いじめを未然に防止するための資質・能力を育むとともに、様々な体験活動や協同して探究する学習活動を通して、学校・学級の諸問題を自主的・協働的に解決していくことができる集団づくりを進めることが求められる。

イ　安全の確保

児童生徒一人一人が日常生活における安全についての必要な事項を実践的に理解し、生命尊重を基盤として、生涯を通じて安全な生活を送る基盤を培うとともに、進んで安全で安心な社会づくりに参加し貢献できるような資質や能力を育てることは極めて重要なことである。

道徳教育においては、自律的に判断することやよく考えて行動し、節度、節制に心がけることの大切さ、生きている喜びや生命のかけがえのなさなど生命の尊さの自覚、力を合わせてよりよい集団や社会の実現に努めようとする社会参画の精神などを深めることが安全の確保に積極的に関わる態度につながる。

　学習指導要領解説総則では、交通事故及び犯罪、自然災害から身を守ることや危機管理など安全に関する指導に当たっては、学校の安全教育の目標や全体計画、各教科等との関連などを考えながら進めることが大切であると示されている。

　今回の改善の趣旨を十分理解し、道徳科の指導だけでなく、各教科、総合的な学習の時間、特別活動等と密接な関連を図り指導を充実していくことが重要である。

第5節　情報モラルと現代的な課題

ア　情報モラル

　社会の情報化が進展する中、児童生徒は、情報機器を日常的に使用する環境の中に入っており、情報の収集や発信、表現など容易にできるようになった一方、「影」の部分が深刻な社会問題になっている。学校教育の中でもその適切な活用について学校や児童生徒の実態に応じた対応が求められている。これらは、学校の教育活動全体で取り組むべきものであるが、道徳科においても同様に、情報モラルに関する指導を充実する必要がある。

　情報モラルとは、「情報社会で適正に活動するための基となる考え方や態度」のことを指している。具体的には、「他者への影響を考え、人権、知的財産など自他の権利を尊重し情報社会での行動に責任をもつこと」、「危険回避など情報を正しく安全に利用できること」、「コンピュータな

第2章　道徳教育の基本的な考え方

どの情報機器の使用による健康との関わりを理解すること」など多岐にわたっている。

　情報化社会やネットワークの特性の一側面として「影」の部分を理解した上で、人間関係や他者とのよりよいコミュニケーションづくりのために、情報手段をいかに上手に賢く使っていくか、そのための判断力や心構えを身に付けさせることが重要である。

　小学校学習指導要領「第3章　特別の教科　道徳」の「第3　指導計画の作成と内容の取扱い」の2では次のように示されている。

（6）　児童の発達の段階や特性等を考慮し、第2に示す内容との関連を踏まえつつ、情報モラルに関する指導を充実すること。また、児童の発達の段階や特性等を考慮し、例えば、社会の持続可能な発展などの現代的な課題の扱いにも留意し、身近な社会的課題を自分との関係において考え、それらの解決に寄与しようとする意欲や態度を育てるよう努めること。なお、多様な見方や考え方のできる事例について特定の見方や考え方に偏った指導を行うことのないようにすること。

　また、中学校学習指導要領では、

（6）　生徒の発達の段階や特性等を考慮し、第2に示す内容との関連を踏まえつつ、情報モラルに関する指導を充実すること。また、例えば、科学技術の発展と生命倫理との関係や社会の持続可能な発展などの現代的な課題の扱いにも留意し、身近な社会的課題を自分との関係において考え、その解決に向けて取り組もうとする意欲や態度を育てるよう努めること。なお、多様な見方や考え方

第5節　情報モラルと現代的な課題

> のできる事柄について、特定の見方や考え方に偏った指導を行う
> ことのないようにすること。

　内容としては、情報社会の倫理、法の理解と遵守、安全への知恵、情報セキュリティ、公共的なネットワークがあるが、道徳科においては、第2に示す内容との関連を踏まえて、特に、情報社会の倫理、法の理解と遵守といった内容を中心に取り扱うことが考えられる。

　道徳科は道徳的価値に関わる学習を行う特質があることを踏まえたうえで、例えば、相手の顔が見えないメールと顔を合わせての会話との違いを理解し、メールなどが相手に与える影響について考えるなど、インターネット等に起因する心のすれ違いなどを題材とし、その問題の根底にある他者への共感や思いやり、礼儀などについて児童生徒が考えを深められるようにすることが大切である。

　また、インターネット上のルールや著作権など法やきまりを守れずに引き起こされた出来事などを題材として規則の尊重に関わる授業を進めることも考えられる。情報機器を使用する際には、使い方によっては相手を傷つけるなど、人間関係に負の影響を及ぼすこともあることなどについても指導上の配慮を行う必要がある。

　なお、道徳科は、道徳的価値の理解を基に自己を見つめる時間であるとの特質を踏まえ、情報機器の使い方やインターネットの操作、危機回避の方法やその際の行動の具体的な練習を行うことに主眼を置くのではないことに留意する必要がある。

イ　現代的な課題の扱い

　道徳科の内容で扱う道徳的諸価値は、現代社会の様々な課題に直接関わっている。例えば、食育、健康教育、消費者教育、防災教育、福祉に

第2章　道徳教育の基本的な考え方

関する教育、法教育、社会参画に関する教育、伝統文化教育、国際理解
教育、キャリア教育など、学校の特色ある教育活動として取り組んでい
る学校も多い。その際、学習内容と道徳的価値との関連を図りながら、
人としてよりよく生きる上で大切なものとは何か、自分はどのように生
きていくべきかなどについての考えを深めたり発展させたりすることが
大切である。

　また、科学技術の発展に伴う生命倫理の問題や持続可能な発展を巡っ
ては、生命や人権、自然環境保全、公正・公平、社会正義、国際親善、
自己決定など様々な道徳的価値に関わる葛藤がある。これらの内容は、
道徳教育と深い関連があり、発達段階に応じて取り上げられることが求
められる。現代的な課題の学習では、葛藤や対立のある事象なども多く
多様な見方・考え方があることに気付かせ、答えが定まっていない問題
を多面的・多角的に考える姿勢を育てることが大切である。

第6節　家庭、地域社会との連携

　学校で行う道徳教育は、自立した人間として他者と共によりよく生き
るための基盤となる道徳性を養うことを目標として行われる。このよう
な道徳性は学校生活だけに限られたものではなく、家庭や地域社会にお
いても、児童生徒の日常的な行為として生かされなければならない。

　そのため、学校で行う道徳教育の効果を高めるためにも、家庭や地域
社会との連携、協力が重要となる。その際、学校が道徳教育の方針を家
庭や地域社会に伝え、理解と協力を得ながら児童生徒の道徳性を養う上
での共通理解を図ることが不可欠である。

　小（中）学校学習指導要領解説総則編第6の4では、次のように示さ
れている。

第6節　家庭、地域社会との連携

> 4　学校の道徳教育の全体計画や道徳教育に関する諸活動などの情
> 　報を積極的に公表したり、道徳教育の充実のために家庭や地域
> 　の人々の積極的な参加や協力を得たりするなど、家庭や地域社会
> 　との共通理解を深め、相互の連携を図ること。

　道徳教育の主体は学校であるが、学校の道徳教育の充実を図るために
は、家庭や地域社会との連携、協力が必要である。具体的には、学校の
ホームページや学校たよりなどを活用して道徳教育の全体計画を示した
り、道徳通信あるいは道徳教育の成果としての児童（生徒）のよさや成
長の様子を知らせたりすることが効果的である。また、道徳授業の公開
や意見交換会などを設定し、児童（生徒）の道徳性の発達や学校、家庭、
地域社会の願いを交流し合う機会をもつことも大切である。

　さらに、小（中）学校学習指導要領「第3章　特別の教科　道徳」の
「第3　指導計画の作成と内容の取扱い」の2においても、次のように
示されている。

> （7）　道徳科の授業を公開したり、授業の実施や地域教材の開発や
> 　活用などに家庭や地域の人々、各分野の専門家等の積極的な参加
> 　や協力を得たりするなど、家庭や地域社会との共通理解を深め、
> 　相互の連携を図ること。

　このように、第1章総則では、学校の教育活動全体で推進する道徳教
育の観点から、諸活動の積極的な公表、計画の改善や活動への参加、協
力依頼などを示し、第3章道徳科では、授業の公開、授業への参加、協
力など、連携、協力の重要性を示している。

23

第2章　道徳教育の基本的な考え方

　東京都では平成12年度より東京都内のすべての公立小中学校及び特別
支援学校で「道徳授業地区公開講座」を実施している。この取り組みは、
学校、家庭及び地域社会が連携して子供たちの豊かな心を育むとともに、
道徳授業の充実を図ることを目的として行われている。

　内容としては、全学級で道徳授業を公開し、家庭や地域の方々に学校
での道徳教育の様子を知ってもらうと同時に、参観者による意見交換会
や講演会などを含め、学校、家庭、地域社会が一体となって道徳教育の
あり方を考える機会としている。教師にとっては、道徳授業を公開する
ことで、授業の質を高め、その活性化が図られることを併せて期待され
ている。

家庭の役割

　家庭ごとに家庭内の人間関係、経済状況、保護者の教育についての考
え方、家庭を取り巻く地域の特性など、それぞれ様々な特色をもってお
り、児童生徒が人格を形成する過程でものの感じ方、考え方、行動の仕
方など、家庭環境は児童生徒に大きな教育的影響を与えていることにな
る。また、学校教育を進める上での基礎になる基本的生活習慣の形成に
も家庭環境は重要な役割をもっている。

地域社会の役割

　児童生徒の生活は、直接的に地域環境の影響を受けており、学校もま
た周囲の自然的、社会的な環境に大きな影響を受けている。地域社会で
は、青少年の健全な発達にふさわしい社会環境を整え、好ましくない影
響を防ぐ活動などが求められている。

　このように児童生徒は家庭の中で育ち、様々な集団に属しながら地域
社会と関わり、様々な環境の影響を受けながら社会性を身に付け成長し

24

第6節　家庭、地域社会との連携

ていく。学校、家庭、地域社会が連携して道徳教育の充実を図ることにより、保護者や地域の人々の道徳教育に関わる意識が高まることも期待できる。

注
1）生徒指導提要　文部科学省　平成22年3月　173頁

参考文献

(1)　佐々井利夫・岩木晃範・森下恭光『道徳教育の指導法』明星大学出版部　平成27年

(2)　田井康雄『これからの道徳教育原論』学術図書出版社　2015年

(3)　小学校学習指導要領解説総則編　文部科学省　平成29年7月

(4)　中学校学習指導要領解説総則編　文部科学省　平成29年7月

(5)　小学校学習指導要領解説特別の教科　道徳編　文部科学省　平成29年7月

(6)　中学校学習指導要領解説特別の教科　道徳編　文部科学省　平成29年7月

第3章　道徳教育

第1節　道徳教育の目標

道徳教育は、教育基本法及び学校教育法に定められた教育の根本精神に基づき、自己の生き方を考え、主体的な判断の下に行動し、自立した人間として他者と共によりよく生きるための基盤となる道徳性を養うことを目標とする。

1．教育基本法及び学校教育法の根本精神に基づく

道徳教育は、まず、教育基本法及び学校教育法に定められた教育の根本精神に基づいて行われるものである。

教育基本法においては、我が国の教育は「人格の完成を目指し、平和で民主的な国家及び社会の形成者として必要な資質を備えた心身ともに健康な国民の育成を期して行う」ことを目的としていることが示されている（第1条）。そして、その目的を実現するための目標として、「真理を求める態度を養」うことや「豊かな情操と道徳心を培う」ことなどが

第3章　道徳教育

挙げられている（第2条）。また、義務教育の目的として「各個人の有する能力を伸ばしつつ社会において自立的に生きる基礎を培い、また、国家及び社会の形成者として必要とされる基本的な資質を養うことを目的」とすることが規定されている（第5条第2項）。

　学校教育法においては、義務教育の目標として、「自主、自律及び協同の精神、規範意識、公正な判断力並びに公共の精神に基づき主体的に社会の形成に参画し、その発展に寄与する態度を養うこと」（第21条第1項）、「生命及び自然を尊重する精神並びに環境の保全に寄与する態度を養うこと」（同第2項）、「伝統と文化を尊重し、それらをはぐくんできた我が国と郷土を愛する態度を養うとともに、進んで外国の文化の理解を通じて、他国を尊重し、国際社会の平和と発展に寄与する態度を養うこと」（同第3項）などが示されている。

　学校で行う道徳教育は、これら教育の根本精神に基づいて行われるものである。

2．自己の生き方を考える

　人格の基盤を形成する小学校の段階においては、児童自らが自己を見つめ、「自己の生き方」を考えることができるようにすることが大切である。「自己の生き方」を考えるとは、児童一人一人が、よりよくなろうとする自己を肯定的に受け止めるとともに、他者との関わりや身近な集団の中での自分の特徴などを知り、伸ばしたい自己について深く見つめることである。またそれは、社会の中でいかに生きていけばよいのか、国家及び社会の形成者としてどうあればよいのかを考えることにもつながる。

第1節　道徳教育の目標

３．主体的な判断の下に行動する

　児童が日常の様々な道徳的な問題や自己の生き方についての課題に直面したときに、自らの「主体的な判断の下に行動」することが重要である。「主体的な判断の下に行動」するとは、児童が自立的な生き方や社会の形成者としての在り方について自ら考えたことに基づいて、人間としてよりよく生きるための行為を自分の意志や判断に基づいて選択し行うことである。またそれは、児童が日常生活での問題や自己の生き方に関する課題に正面から向き合い、考え方の対立がある場合にも、自らの力で考え、よりよいと判断したり適切だと考えたりした行為の実践に向けて具体的な行動を起こすことである。

４．自立した人間として他者と共によりよく生きる

　「自立した人間」としての主体的な自己は、同時に「他者と共に」よりよい社会の実現を目指そうとする社会的な存在としての自己を志向する。このように、人は誰もがよりよい自分を求めて自己の確立を目指すとともに、一人一人が他者と共に心を通じ合わせて生きようとしている。したがって、他者との関係を主体的かつ適切にもつことができるようにすることが求められる。

５．そのための基盤となる道徳性を養う

　こうした思考や判断、行動などを通してよりよく生きるための営みを支える基盤となるのが道徳性であり、道徳教育はこの道徳性を養うことを目標とする。道徳性は、人間としての本来的な在り方やよりよい生き方を目指して行われる道徳的行為を可能にする人格的特性であり、人格の基盤をなすものである。それはまた、人間らしいよさであり、道徳的価値が一人一人の内面において統合されたものと言える。

第3章　道徳教育

　学校教育においては、特に道徳的判断力、道徳的心情、道徳的実践を
主体的に行う意欲と態度の育成を重視する必要があると考えられる。

第2節　道徳教育の全体計画

1．道徳教育の全体計画とは

> 　道徳教育の全体計画は、学校における道徳教育の基本的な方針を
> 示すとともに、学校の教育活動全体を通して、道徳教育の目標を達
> 成するための方策を総合的に示した教育計画である。

2．全体計画の意義

　学校における道徳教育の中軸となるのは、学校の設定する道徳教育の
基本方針である。全体計画は、その基本方針を具現化し、学校としての
道徳教育の目標を達成するために、どのようなことを重点的に推進する
のか、各教育活動はどのような役割を分担し関連を図るのか、家庭や地
域社会との連携をどう進めていくのかなどについて総合的に示すもので
なければならない。

　それをまとめると、以下の点である。

⑴　人格の形成及び国家、社会の形成者として必要な資質の育成を図る
　場として課題に即した道徳教育が展開できる各学校においては、様々
　な教育の営みが人格の形成や国家、社会の形成者として必要な資質の
　育成につながっていることを意識し、特色があり、課題を押さえた道
　徳教育の充実を図ることができる。

⑵　学校における道徳教育の重点目標を明確にして推進することができ
　る学校としての重点目標を明確にし、それを全教師が共有することに

第2節　道徳教育の全体計画

より、学校の教育活動全体で行う道徳教育に方向性をもたせることが
できる。

(3)　道徳教育の要としての道徳科の位置付けや役割が明確になる道徳科
で進めるべきことを押さえるとともに、教育活動相互の関連を図るこ
とができる。

　　また、全体計画は、道徳科の年間指導計画を作成するよりどころに
もなる。

(4)　全教師による一貫性のある道徳教育が組織的に展開できる全教師が
全体計画の作成に参加し、その活用を図ることを通して、道徳教育の
方針やそれぞれの役割についての理解が深まり、組織的で一貫した道
徳教育の展開が可能となる。

(5)　家庭や地域社会との連携を深め、保護者や地域の人々の積極的な参
加や協力を可能にする全体計画を公表し、家庭や地域社会の理解を得
ることにより、家庭や地域社会と連携し、その協力を得ながら道徳教
育の充実を図ることができる。

3．全体計画の内容

　全体計画は、各学校において、校長の明確な方針の下に、道徳教育推
進教師が中心となって、全教師の参加と協力により創意と英知を結集し
て作成されるものである。作成に当たっては、上記の意義を踏まえて次
の事項を含めることが望まれる。

(1)　**基本的把握事項**

　　計画作成に当たって把握すべき事項として、次の内容が挙げられる。

●　教育関係法規の規定、時代や社会の要請や課題、教育行政の重点
施策

31

第3章　道徳教育

● 学校や地域社会の実態と課題、教職員や保護者の願い
● 児童の実態と課題

(2) **具体的計画事項**

　基本的把握事項を踏まえ、各学校が全体計画に示すことが望まれる
事項として、次の諸点を挙げることができる。

● 学校の教育目標、道徳教育の重点目標、各学年の重点目標
● 道徳科の指導の方針
● 年間指導計画を作成する際の観点や重点目標に関わる内容の指導
　の工夫、校長や教頭等の参加、他の教師との協力的な指導
● 各教科、外国語活動、総合的な学習の時間及び特別活動などにお
　ける道徳教育の指導の方針、内容及び時期重点内容項目との関連や
　各教科等の指導計画を作成する際の道徳教育の観点を記述する。ま
　た、各教科等の方針に基づいて進める道徳性の育成に関わる指導の
　内容及び時期を整理して示す。
● 特色ある教育活動や豊かな体験活動における指導の方針、内容及
　び時期学校や地域社会の特色を生かした取り組みや集団宿泊活動、
　ボランティア活動、自然体験活動などの体験活動や実践活動におけ
　る道徳性を養うための方針を示す。また、その内容及び時期等を整
　理して示すことも考えられる。
● 学級、学校の人間関係、環境の整備や生活全般における指導の方
　針、日常的な学級経営を充実させるための具体的な計画等を記述す
　る。
● 家庭、地域社会、他の学校や関係機関との連携の方法協力体制や
　道徳科の授業公開、広報活動、保護者や地域の人々の参加や協力の
　内容及び時期、具体的な計画等を記述する。

32

第2節　道徳教育の全体計画

● 道徳教育の推進体制

　道徳教育推進教師の位置付けも含めた全教師による推進体制を示す。

● その他

　例えば、次年度の計画に生かすための評価の記入欄、研修計画や重点的指導に関する添付資料等を記述する。

　なお、全体計画を一覧表にして示す場合は、必要な各事項について文章化したり具体化したりしたものを加えるなどの工夫が望まれる。例えば、各教科等における道徳教育に関わる指導の内容及び時期を整理したもの、道徳教育に関わる体験活動や実践活動の時期等が一覧できるもの、道徳教育の推進体制や家庭や地域社会等との連携のための活動等が分かるものを別葉にして加えるなどして、年間を通して具体的に活用しやすいものとすることが考えられる。

　また、作成した全体計画は、家庭や地域の人々の積極的な理解と協力を得るとともに、様々な意見を聞き一層の改善に役立てるために、その趣旨や概要等を学校通信に掲載したり、ホームページで紹介したりするなど、積極的に公開していくことが求められる。

4. 全体計画作成上の創意工夫と留意点

(1) 校長の明確な方針の下に道徳教育推進教師を中心として全教師の協力・指導体制を整える。

(2) 道徳教育や道徳科の特質を理解し、教師の意識の高揚を図る全教師が、道徳教育及び道徳科の重要性や特質について理解を深められるよう、関係する教育法規や教育課程の仕組み、時代や社会の要請、児童の実態、保護者や地域の人々の意見等について十分研修を行い、教師自身の日常的な指導の中での課題が明確になるようにする。

第3章　道徳教育

⑶　各学校の特色を生かして重点的な道徳教育が展開できるようにする

⑷　学校の教育活動全体を通じた道徳教育の相互の関連性を明確にする。

⑸　家庭や地域社会、学校間交流、関係諸機関等との連携に努める

⑹　計画の実施及び評価・改善のための体制を確立する

第3節　指導内容の重点化

各学校においては、児童の発達の段階や特性等を踏まえ、指導内容の重点化を図ること。その際、各学年を通じて、自立心や自律性、生命を尊重する心や他者を思いやる心を育てることに留意すること。また、各学年段階においては、次の事項に留意すること。

ア　第1学年及び第2学年においては、挨拶などの基本的な生活習慣を身に付けること、善悪を判断し、してはならないことをしないこと、社会生活上のきまりを守ること。

イ　第3学年及び第4学年においては、善悪を判断し、正しいと判断したことを行うこと、身近な人々と協力し助け合うこと、集団や社会のきまりを守ること。

ウ　第5学年及び第6学年においては、相手の考え方や立場を理解して支え合うこと、法やきまりの意義を理解して進んで守ること、集団生活の充実に努めること、伝統と文化を尊重し、それらを育んできた我が国と郷土を愛するとともに、他国を尊重すること。

第3節　指導内容の重点化

1．各学年を通じて配慮すること

　小学校においては、生きる上で基盤となる道徳的価値観の形成を図る指導を徹底するとともに自己の生き方についての指導を充実する観点から、各学年を通じて、自立心や自律性、生命を尊重する心、他者を思いやる心の育成に配慮することが大切である。

【自立心や自律性】は、

　児童がよりよい生き方を目指し、人格を形成していく上で核となるものであり、自己の生き方や人間関係を広げ、社会に参画をしていく上でも基盤となる重要な要素である。

【生命を尊重する心】は、

　生命の尊厳を感得し、生命ある全てのものを尊重しようとする心のことである。生命を尊重する心の育成は、道徳教育を進めるに当たって特に留意しなければならないこととして生命に対する畏敬の念を生かすことを示しているように、豊かな心を育むことの根本に置かれる重要な課題の一つである。いじめによる自殺などが社会的な問題となっている現在、児童が生きることを喜ぶとともに、生命に関する問題として老いや死などについて考え、他者と共に生命の尊さについて自覚を深めていくことは、特に重要な課題である。

【他者を思いやる心】は、

　児童が自立した一人の人間として人生を他者と共に、よりよく生きる人格形成を図る道徳教育の充実を目指す上で不可欠なものである。相手の気持ちや立場を推し量り自分の思いを相手に向けることは、よりよい人間関係を築くために重要である。

第3章　道徳教育

２．学年段階ごとに配慮すること

⑴　第１学年及び第２学年

　　挨拶などの基本的な生活習慣を身に付けることや善悪を判断し、してはならないことをしないこと、社会生活上のきまりを守ることについて配慮して指導に当たることが求められる。

　　基本的な生活習慣は、健全な生活を送る上で必要なものであり、健康や安全に関わること、物の活用や整理整頓に関わることなどがあるが、小学校生活の入門期で身に付くような指導をすることが求められる。

　　善悪を判断し、してはならないことをしないことは、例えば、うそを言わない、人を傷付けない、人のものを盗まないなど、人としてしてはならないことや善悪について自覚し、その上に立って社会生活上のきまりを守ることができるよう指導することが大切である。第１学年及び第２学年の段階では、幼児教育との接続に配慮するとともに、家庭と連携しながら、これらの内容を繰り返し指導することが大切である。

⑵　第３学年及び第４学年

　　悪を判断し、正しいと判断したことを行うこと、身近な人々と協力し助け合うこと、集団や社会のきまりを守ることに配慮して指導に当たることが求められる。

　　一般に、この段階の児童は、学校生活に慣れ、行動範囲や人間関係が広がり活動的になる。他方、社会的認識能力をはじめ思考力が発達し、視野が拡大するとともに、内省する心も育ってくると言われる。第１学年及び第２学年の重点を踏まえた指導の充実を基本として、特に身近な人々と協力し助け合うこと、さらには集団や社会のきまりを

36

守ることについて理解し、自ら判断できる力を育てることへの配慮が求められる。

(3) 第５学年及び第６学年

相手の考え方や立場を理解して支え合うこと、法やきまりの意義を理解して進んで守ること、集団生活の充実に努めること、伝統と文化を尊重し、それらを育んできた我が国と郷土を愛するとともに、他国を尊重することに配慮することが大切になる。

この段階は、小学校教育の完成期であり高学年段階の児童としての自覚ある行動が求められる。第３学年及び第４学年の重点を踏まえた指導の充実を基本として、日本人としての自覚をもって我が国の伝統と文化を理解し、それらを育んできた我が国と郷土を愛するとともに他国の伝統と文化を尊重することなどに関する指導に配慮することが求められる。

第４節　道徳教育と道徳科

学校における道徳教育は、特別の教科である道徳（以下「道徳科」という。）を要として学校の教育活動全体を通じて行うものであり、道徳科はもとより、各教科、外国語活動、総合的な学習の時間及び特別活動のそれぞれの特質に応じて、児童の発達の段階を考慮して、適切な指導を行うこと。（「第１章　総則」の「第１　小学校教育の基本と教育課程の役割」の２の（２）の２段目）

第3章　道徳教育

1.「道徳性」を養う教育活動

　学校における道徳教育は、自己の生き方を考え、主体的な判断の下に行動し、自立した一人の人間として他者と共によりよく生きるための基盤となる道徳性を養うことを目標とする教育活動であり、社会の変化に対応しその形成者として生きていくことができる人間を育成する上で重要な役割をもっている。

2.道徳教育は

　道徳教育は、学校や児童の実態などを踏まえ設定した目標を達成するために、道徳科はもとより、各教科、外国語活動、総合的な学習の時間及び特別活動のそれぞれの特質に応じて行うことを基本として、あらゆる教育活動を通じて、適切に行われなくてはならない。

3.道徳科は

　その中で、道徳科は、各活動における道徳教育の要として、それらを補ったり、深めたり、相互の関連を考えて発展させたり統合させたりする役割を果たす。

　いわば、扇の要のように道徳教育の要所を押さえて中心で留めるような役割をもつと言える。

　したがって、各教育活動での道徳教育がその特質に応じて意図的、計画的に推進され、相互に関連が図られるとともに、道徳科において、各教育活動における道徳教育で養われた道徳性が調和的に生かされ、道徳科としての特質が押さえられた学習が計画的、発展的に行われることによって、児童の道徳性は一層豊かに養われていく。また、学校における道徳教育は、児童の発達の段階を踏まえて行われなければならない。

第4章　道徳科の指導

第1節　道徳科の特質

1．道徳科の特質とは

　道徳科の特質は、「学校の教育活動全体を通じて行う道徳教育の要として、道徳的諸価値についての理解を基に、自己を見つめ、物事を（広い視野から）多面的・多角的に考え、自己（人間として）の生き方についての自覚を深める学習を通して道徳性を養うこと」である。

　小（中）学校学習指導要領「第3章　特別の教科　道徳」の「第3　指導計画の作成と内容の取扱い」の2の(2)に、以下のように記載されている。

　道徳科が学校の教育活動全体を通じて行う道徳教育の要としての役割を果たすことができるよう、計画的・発展的な指導を行うこと。特に、各教科、外国語活動（小学校のみ）、総合的な学習の時間及び特別活動における道徳教育としては取り扱う機会が十分でない内容項目に関わる指導を補うことや、児童（生徒）や学校の実態等を踏まえて指導をより一層深めること、内容項目の相互の関連を捉え

第4章　道徳科の指導

> 直したり発展させたりすることに留意すること。

　各教科等で行う道徳教育は、全体計画によって計画的に行うものもあれば、児童生徒の日々の教育活動の中で見られる具体的な行動の指導を通して対処的に行うものもある。また、それぞれの特質に応じた計画によってなされるものであり、「第2　内容」に示す内容項目を自分のこととして学び、深めるためには十分とは言えない。このことに留意し、道徳教育の要である道徳科の目標と特質を捉えることが大切である。道徳科の指導は、学校の道徳教育の目標に向かって、教育活動全体を通じて行う道徳教育との関連を図りながら計画的・発展的に行うものである。「計画的・発展的に指導する」ことと、「学校の教育活動全体を通じて行う道徳教育の要としての道徳科」であるという特質を十分に理解してほしい。

　このことを児童生徒の立場から見ると、道徳科は、各教科、外国語活動（小学校のみ）、総合的な学習の時間及び特別活動などで学習した道徳的諸価値を、全体にわたって人間としての在り方や生き方という視点から捉え直し、自分のこととして理解し、自分との関わりで道徳的諸価値を捉え、自分なりに発展させていこうとする時間ということになる。

　学校の教育活動全体を通じて行う道徳教育の指導の充実が、道徳科の指導の充実につながることの意味を深く理解し、道徳科ではその要としての重要な役割を認識して、計画的・発展的な指導を行うようにすることが重要である。

2．学生の学びから特質を探る

　以下は、平成28年度「道徳教育の指導法（中学校）」を受講した学生の感想の抜粋である。

第1節　道徳科の特質

これらから、道徳科の特質を確認してみよう。

　核家族や他者との関わりが薄くなった現代では、子供たちが社会性を身に付ける場所は、今や学校が中心になっている。だからこそ、集団生活の中で道徳という教科を学ぶことで、よりよく生きるための道徳心を養うことが大切であると考える。他者とつながって初めて生まれるものなのだと思う。社会で生きるための教育とは、この教科なくしては語ることができないと、この授業を通して自分自身学ぶことができた。

　道徳はこんなに考える授業なのだと思った。今まで、自分が受けてきた授業では、先生が求める行動の例を書いて終わりだったが、そうではなく、まず、自分自身がどうかについて振り返ったり、苦手なことや嫌いなことに立ち向かうことができない気持ちが自分の中にあったりすることに気付く、確かめる、といったことも、道徳授業の中のひとつだということに気付いた。

　また、これから生きていく上で「生き方」を学ぶ場でもあると思った。たとえば道徳授業で自分の考えや行動を振り返ることが習慣付けば、ふとした時に、「今の自分はどうだったか？」と自身を振り返り、考えることができる力を身に付けることができるからだ。これからの自分の人生をよりよく生きていく上で、とても大切ではないかと思った。

　だから、教師になったら、自己を見つめることができたり、相手を思いやる心を育てたりすることができるような道徳の授業を心がけていきたい。

第4章　道徳科の指導

> 　道徳とは、善い行いについて教え込むのではなく、社会を生きる
> 人間として、よりよく生きるためにはどうしたらよいのかを、自ら
> 考えさせるものだということを学んだ。それは、自分一人が良いの
> ではなく、「他の人にとって」ということも考えなければならない。
> 大前提として「社会」があるのだということが分かった。しかしや
> はり、教師のねらうところに子供を考えさせるというところが少し
> 難しい。

> 　「特別の教科　道徳」は、これからを生きる子供たちに大きな影
> 響を与えていくと思う。道徳教育は、学校の教育活動全体を通して
> 密接にかかわる。教科化されることで、いじめ問題解決への向上や
> 道徳が重視されるきっかけとなり、子供たちにとって、よりよい学
> びになることを期待している。

第2節　「考え、議論する道徳」への転換

1.「考え、議論する道徳」への転換の背景と意義

　道徳性は、人格の完成及び国民の育成の基盤となるものであり、その
道徳性を育てることが、学校教育における道徳教育の使命である。

　道徳教育は、いかなる時代であっても、人が一生を通じて追求すべき
人格形成の根幹に関わり、同時に、民主的な国家・社会の持続的発展を
根底で支えるものでもある。また、道徳教育を通じて育成される道徳性、
特に、内省しつつ物事の本質を考える力や何事にも主体性をもって誠実
に向き合う意志や態度、豊かな情操などは、豊かな心だけでなく、確か

第2節 「考え、議論する道徳」への転換

な学力や健やかな体の基盤ともなり、「生きる力」を育むために極めて重要なものである。

　我が国の道徳教育は、道徳の時間を要として学校の教育活動全体を通じて行うものとされてきた。これまで、学校や児童生徒の実態などに基づき道徳教育の重点目標を設定し充実した指導を重ね、成果を上げている学校もある。しかし一方で、忌避や軽視、硬直化と言った傾向などから、道徳の時間が適切に指導されているとは言い難い現状もある。こうした現状と真摯に取り組むため、これまで、教育再生実行会議や中央教育審議会などにおいて、数々の議論を積んできた。そして、同答申を踏まえ、学校教育法施行規則を改正し、新学習指導要領が告示された。

〔①道徳教育、道徳の時間における課題〕

　▲いまだに道徳教育そのものを忌避しがちな風潮がある。

　▲他教科に比べて軽視されている。他教科の時間に振り替えている。

　▲読み物の登場人物の心情理解のみに偏った形式的な指導が行われている例がある。

　▲発達段階を十分に踏まえず、児童生徒に望ましいと思われる、分かり切ったことを言わせたり書いたりする授業がある。

　▲学年が上がるにつれて、道徳授業の受け止めが悪くなる。　など

〔②児童生徒の課題〕

　▲自己中心的、規範意識や社会性の乏しさがある。

　▲他の人（もの、こと）との関係性が希薄化している。

　▲いじめ問題が解決されていない。複雑化や潜在化している。　など

〔③小(中)学校学習指導要領との関わり〕
　学習指導要領改訂のポイントのひとつとして、新しい時代に必要となる資質・能力を育成し、それを正しく学習評価することが挙げられる。まさに、指導と評価の一体化を目指すものである。これを受けて、その資質・能力として、「何ができるようになるか」を明確化した。この「何ができるようになるか」の要素のひとつに「学びに向かう力、人間性の涵養」があり、これはまさに「道徳性の育成」に通じている。

≪新しい時代に必要となる資質・能力の育成≫

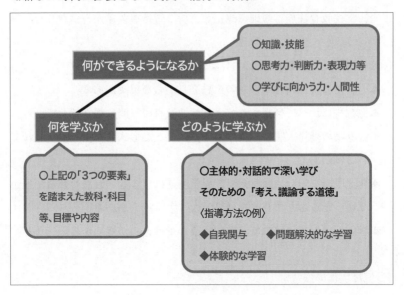

　これらのことから、小(中)学校学習指導要領における道徳教育の改善充実のためのキーワードが、〝「考え、議論する」道徳科への転換により、児童生徒の道徳性を育む〟ということである。

第2節 「考え、議論する道徳」への転換

【改善の具体的なポイント】
○ 道徳科に検定教科書を導入する。
○ 内容について、いじめ問題への対応の充実や、発達段階をより一層踏まえた体系的なものに改善する。
 ・「個性の伸長」「相互理解、寛容」「公正、公平、社会正義」「国際理解、国際親善」「よりよく生きる喜び」などの内容項目を小学校に追加。
○ 問題解決的な学習や体験的な学習、道徳的価値に迫る読み物の活用などを取り入れ、質の高い多様な指導方法を工夫する。
○ 数値ではなく、児童生徒の道徳性に係る成長の様子を把握して評価する。

これを基に、小学校は平成30年度、中学校は平成31年度から、検定教科書を導入して「道徳科」を実施する。

2．主体的・対話的で深い学び

「小（中）学校学習指導要領　第1章　総則」の「第3　教育課程の

第4章　道徳科の指導

実施と学習評価」には、「1　主体的・対話的で深い学びの実現に向け
た授業改善」とあり、「主体的・対話的で深い学び」という指導方法を
各教科等で進めて授業改善を図ることが求められている。したがって、
道徳科においてもこの視点を明確にもつことが大切である。

　道徳教育においては、他者と共によりよく生きるための基盤となる道
徳性を育むため、答えが一つではない道徳的な課題を一人一人の児童生
徒が自分自身の問題と捉え、向き合う「考え、議論する道徳」を実現す
ることが、「主体的・対話的で深い学び」を実現することになると考え
られる。

(1)　「主体的な学び」の視点

　児童生徒が問題意識をもち、自己を見つめ、道徳的価値を自分自身
との関わりで捉え、自己の生き方について考える学習とすることや、
各教科で学んだこと、体験したことから道徳的価値に関して考えたこ
とや感じたことを統合させ、自ら道徳性を養う中で自らを振り返って
成長を実感したり、これからの課題や目標を見付けたりすることがで
きるよう工夫することが求められる。

(具体例)

　　○　発達段階を考慮し、興味や問題意識をもてるような身近な社会
　　　的課題を取り上げる。

　　○　問題解決的な学習を通して一人一人が考えたことや感じたこと
　　　を振り返る活動を取り入れる。

　　○　我が国や郷土の伝統や文化、先人の業績や生き方に触れること
　　　や、自然体験活動など美しいもの・気高いものなどに出会う機会
　　　を多様に設定する。

　　○　年度当初に自分の課題を考え、課題や目標を設定し、学習過程

46

第2節 「考え、議論する道徳」への転換

や成果を記録して蓄積するなどにより、学習状況を自ら把握し振り返る。

(2) 「対話的な学び」の視点

児童生徒同士の協働、教員や地域の人との対話、先哲の考え方を手掛かりに考えたり、自分と異なる意見と向かい合い議論することなどを通じ、自分自身の道徳的価値を深めたり広げたりすることが求められる。

(具体例)

○ 教材や体験などから考えたこと、感じたことを発表し合う。

○ 葛藤や衝突が生じる場面について、話合いなどにより異なる考えに接して多面的・多角的に考え、議論する。

○ 資料を通じて先人の考えに触れる。

○ 様々な専門家や保護者、地域住民等に道徳科の授業への参加を得る。

(3) 「深い学び」の視点

道徳的諸価値の理解を基に、自己を見つめ、物事を多面的・多角的に考え、自己(人間として)の生き方について考える学習を通して、様々な場面、状況において、道徳的価値を実現するための問題状況を把握し、適切な行為を主体的に選択し、実践できるような資質・能力を育てる学習とすることが求められる。

(具体例)

○ 読み物教材の登場人物への自我関与を中心とした学習において、登場人物の判断と心情を自分との関わりにおいて多面的・多角的に考えることを通して、道徳的価値の理解を深める。

第4章　道徳科の指導

○　様々な道徳的諸価値に関わる問題や課題を主体的に解決する学習において、児童生徒の考えの根拠を問う発問や、問題場面を自分に当てはめて考えてみることを促す発問などを通じて、問題場面における道徳的価値の意味を考えさせる。

○　道徳的行為に関する体験的な学習において、疑似体験的な活動（役割演技など）を通して、実際の問題場面を実感を伴って理解することで、様々な問題や課題を主体的に解決するために必要な資質・能力を養う。

なお、こうした学びを実現するためには、多様な意見を受け止め、認め合える学級の雰囲気がその基盤として必要であり、学級経営の充実が大変重要である。

３．指導方法、指導内容の工夫改善における配慮事項

児童生徒が考え、議論する道徳科の授業を作るためには、「小（中）学校学習指導要領　第3章　特別の教科　道徳」の「第3　指導計画の作成と内容の取扱い」の２の配慮事項の(3)〜(6)を十分に把握しておくことが必要である。

その中に示されたキーワードは以下のとおりである。

〔主体的な学習〕

・自らを振り返って成長を実感したり、これからの課題や目標を見付けたりする。

・道徳性を養う意義を、自ら考え、主体的に学習に取り組む。

〔言語活動の充実〕〔多面的・多角的な視点〕〔対話的な学習〕

・多様な感じ方や考え方に接する中で、考えを深め、判断し、表現す

第2節 「考え、議論する道徳」への転換

る力などを育めるよう、言語活動を充実する。
・様々な価値観について多面的・多角的な視点から振り返って考える
機会を設ける。さらに、新しい見方や考え方を生み出していくこと
ができるようにする。

〔問題解決的な学習〕〔体験的な学習〕
・発達段階や指導のねらいに即して、問題解決的な学習、道徳的行為
に関する体験的な学習等を適切に取り入れるなど指導方法を工夫す
る。その際、それらの活動を通じて学んだ内容の意義などについて
考える。また、特別活動等における多様な実践活動や体験活動も道
徳科の授業に生かす。

〔社会的課題、現代的課題〕
・情報モラルに関する指導を充実する。科学技術の発展と生命倫理と
の関係、社会の持続可能な発展などの現代的な課題の取扱いにも留
意する。
・これらの身近な社会問題を自分との関係において考え、その解決に
向けて取り組もうとする意欲や態度を育てる。

〔多様な教材の活用〕
　児童生徒の発達の段階や特性、地域の実情等を考慮して、多様な教
材の活用に努める。特に、生命の尊厳、社会参画、自然、伝統と文化、
先人の伝記、スポーツ、情報化への対応等の現代的な課題などを題材
とし、児童生徒が問題意識をもって多面的・多角的に考えたり、感動
を覚えたりするような充実した教材の開発や活用を行う。

第4章　道徳科の指導

第3節　小学校の道徳科

1．目標

　小学校学習指導要領解説　総則編に、道徳教育について次のように書かれている。

＜第1章総則の第1の2の（2）2段目および3段目＞

　学校における道徳教育は、特別の教科である道徳（以下「道徳科」という。）を要として学校の教育活動全体を通じて行うものであり、道徳科はもとより、各教科、外国語活動、総合的な学習の時間及び特別活動のそれぞれの特質に応じて、児童の発達段階を考慮して、適切な指導を行うこと。

　道徳教育は、教育基本法及び学校教育法に定められた教育の根本精神に基づき、自己の生き方を考え、主体的な判断の下に行動し、自立した人間として他者と共によりよく生きるための基盤となる道徳性を養うことを目標とすること。

　さらに、小学校学習指導要領解説　特別の教科　道徳編には、道徳科の目標について次のように述べられている。

　第1章総則の第1の2の（2）に示す道徳教育の目標に基づき、よりよく生きるための基盤となる道徳性を養うため、道徳的諸価値についての理解を基に、自己を見つめ、物事を多面的・多角的に考え、自己の生き方についての考えを深める学習を通して、道徳的な

50

第3節　小学校の道徳科

判断力、心情、実践意欲と態度を育てる。（下線は筆者）

⑴　道徳的諸価値について理解する

　　学校教育においては、発達の段階を考慮して、児童一人一人が道徳
的価値観を形成する上で必要なものを内容項目として取り上げてい
る。

　　・価値理解：内容項目は人間としてよりよく生きる上で大切なこと
　　　　　　　　と理解すること。

　　・人間理解：道徳的価値は大切であってもなかなか実現することが
　　　　　　　　できない人間の弱さなども理解すること。

　　・他者理解：道徳的価値を実現したり、実現できなかったりする場
　　　　　　　　合の感じ方、考え方は一つではない、多様であるとい
　　　　　　　　うことを前提として理解すること。

　　道徳的価値が人間らしさを表すものであることに気付き、価値理解
と同時に人間理解や他者理解を深めていくようにすることである。

⑵　自己を見つめる

　　道徳的価値についての理解（価値理解、人間理解、他者理解）を自
分とのかかわりで捉えることが重要であり、よりよく生きる上で大切
な道徳的価値を自分のこととして考えたり感じたりすることである。

　　自己を見つめるとは、これまでの自分の経験やその時の考え方、感
じ方と照らし合わせながら、更に考えを深めることである。

⑶　物事を多面的・多角的に考える

　　よりよく生きるための基盤となる道徳性を養うためには、児童が多
様な考え方や感じ方に接することが大切であり、多様な価値観の存在

51

第4章　道徳科の指導

を前提として、他者と対話したり協働したりしながら、物事を多面的・多角的に考えることが求められる。その中で、道徳的価値を自分なりに発展させていくことへの思いや課題が培われるのである。

(4)　自己の生き方についての考えを深める

　児童は、道徳的価値の理解を基に自己を見つめるなどの道徳的価値の自覚を深める過程で、同時に自分の生き方についての考えを深めているが、特にそのことを強く意識させることが重要である。

　そして、このような学習を通して、「道徳的判断力、心情、実践意欲と態度を育てる」ことが、道徳科の目標である。

(5)　道徳的な判断力、心情、実践意欲と態度を育てる

　道徳性とは、人間としてよりよく生きようとする人格的特性であり、道徳教育は道徳性を構成する諸様相である道徳的な判断力、心情、実践意欲と態度を養うことを求めている。

　　・道 徳 的 判 断 力：それぞれの場面において善悪を判断する能力
　　・道 徳 的 心 情：道徳的価値の大切さを感じ取り、善を行うことを喜び、悪を憎む感情のことである。

　道徳的実践意欲と態度とは、道徳的心情や道徳的判断力によって価値があるとされた行動をとろうとする傾向性を意味する。

　　・道徳的実践意欲：道徳的判断力や道徳的心情を基盤とした道徳的価値を実現しようとする意志の働き
　　・道 徳 的 態 度：道徳的判断力や道徳的心情に裏付けられた具体的な道徳的行為への身構えと言える。

第3節　小学校の道徳科

> つまり、まとめると次のようになる。
>
> 　道徳科の特質とは、児童一人一人が、ねらいに含まれる一定の道徳的価値についての理解を基に、自己を見つめ、物事を多面的・多角的に考え、自己の考えを深める学習を通して、内面的資質としての道徳性を主体的に養っていく時間である。

2．内容項目

> 第3章　特別の教科　道徳　の第2　内容
> 　学校の教育活動全体を通じて行う道徳教育の要である道徳科においては、以下に示す項目について扱う。

　指導する内容項目は、次のABCDの四つの視点（柱）から、「第1学年及び第2学年」「第3学年及び第4学年」「第5学年及び第6学年」の学年段階に分けて示されている。これらの内容項目は、学年段階及び中学校へという学校段階が上がるに従って内容が難しくなり、また項目数も増える。（詳細は54ページの表を参照）

　また、この四つの視点は、相互に深い関連をもっている。各学年段階においては、これらの関連を考慮しながら、四つの視点に含まれるすべての内容項目について、適切に指導しなければならない。

＜四つの視点＞

A　主として自分自身に関すること

　　自己の在り方を自分自身との関わりで捉え、望ましい自己の形成を図ることに関するもの

第4章　道徳科の指導

B　主として人との関わりに関すること

　　自己を人との関わりにおいて捉え、望ましい人間関係の構築を図る
　ことに関するもの

C　主として集団や社会との関わりに関すること

　　自己を様々な社会集団や郷土、国家、国際社会との関わりにおいて
　捉え、国際社会と向き合うことが求められている我が国に生きる日本
　人としての自覚に立ち、平和で民主的な国家及び社会の形成者として
　必要な道徳性を養うことに関するもの

D　主として生命や自然、崇高なものとの関わりに関すること

　　自己を生命や自然、美しいもの、気高いもの、崇高なものとの関わ
　りにおいて捉え、人間としての自覚を深めることに関するもの

＜内容項目＞

A　主として自分自身に関すること	
善悪の判断、自律、自由と責任	・よいことと悪いこととの区別をし、よいと思うことを進んで行うこと。 ・正しいと判断したことは、自信をもって行うこと。 ・自由を大切にし、自律的に判断し、責任のある行動をすること。
正直、誠実	・うそをついたりごまかしをしたりしないで、素直に伸び伸びと生活すること。 ・過ちは素直に改め、正直に明るい心で生活すること。 ・誠実に、明るい心で生活すること。
節度、節制	・健康や安全に気を付け、物や金銭を大切にし、身の回りを整え、わがまましないで、規則正しい生活をすること。 ・自分でできることは自分でやり、安全に気を付け、よく考えて行動し、節度ある生活をすること。 ・安全に気を付けることや、生活習慣の大切さについて理解し、自分の生活を見直し、節度を守り節制に心がけること。

54

第3節　小学校の道徳科

個性の伸長	・自分の特徴に気付くこと。 ・自分の特徴に気付き、長所を伸ばすこと。 ・自分の特徴を知って、短所を改め長所を伸ばすこと。
希望と勇気 努力と強い 意志	・自分のやるべき勉強や仕事をしっかりと行うこと。 ・自分でやろうと決めた目標に向かって、強い意志をもち、粘り強くやりぬくこと。 ・より高い目標を立て、希望と勇気をもち、困難があってもくじけずに努力して物事をやり抜くこと。
真理の探究	（低・中学年にはこの項目はなく、高学年で初めて出てくるもの） ・真理を大切にし、物事を探究しようとする心をもつこと。
B　主として人との関わりに関すること	
親切、 思いやり	・身近にいる人に温かい心で接し、親切にすること。 ・相手のことを思いやり、進んで親切にすること。 ・誰に対しても思いやりの心をもち、相手の立場に立って親切にすること。
感謝	・家族など日頃世話になっている人々に感謝すること。 ・家族など生活を支えてくれている人々や現在の生活を築いてくれた高齢者に、尊敬と感謝の気持ちをもって接すること。 ・日々の生活が家族や過去からの多くの人々の支え合いや助け合いで成り立っていることに感謝し、それに応えること。
礼儀	・気持ちのよい挨拶、言葉遣い、動作などに心掛けて、明るく接すること。 ・礼儀の大切さを知り、誰に対しても真心をもって接すること。 ・時と場をわきまえて、礼儀正しく真心をもって接すること。
友情、信頼	・友達と仲よくし、助け合うこと。 ・友達と互いに理解し、信頼し、助け合うこと。 ・友達と互いに信頼し、学び合って友情を深め、異性についても理解しながら、人間関係を築いていくこと。

第4章　道徳科の指導

相互理解、寛容	（低学年にはこの項目はなく、中学年で初めて出てくるもの） ・自分の考えや意見を相手に伝えるとともに、相手のことを理解し、自分と異なる意見も大切にすること。 ・自分の考えや意見を相手に伝えるとともに、謙虚な心をもち、広い心で自分と異なる意見や立場を尊重すること。
C　主として集団や社会との関わりに関すること	
規則の尊重	・約束やきまりを守り、みんなが使う物を大切にすること。 ・約束や社会のきまりの意義を理解して、それらを守ること。 ・法やきまりの意義を理解した上で進んでそれらを守り、自他の権利を大切にし、義務を果たすこと。
公正、公平、社会正義	・自分の好き嫌いにとらわれないで接すること。 ・誰に対しても分け隔てをせず、公正、公平な態度で接すること。 ・誰に対しても差別をすることや偏見をもつことなく、公正、公平な態度で接し、正義の実現に努めること。
勤労、公共の精神	・働くことのよさを知り、みんなのために働くこと。 ・働くことの大切さを知り、進んでみんなのために働くこと。 ・働くことや社会に奉仕することの充実感を味わうとともに、その意義を理解し、公共のために役に立つことをすること。
家族愛、家庭生活の充実	・父母、祖父母を敬愛し、進んで家の手伝いなどをして、家族の役に立つこと。 ・父母、祖父母を敬愛し、家族みんなで協力し合って楽しい家庭を作ること。 ・父母、祖父母を敬愛し、家族の幸せを求めて、進んで役に立つことをすること。
より良い学校生活、集団生活の充実	・先生を敬愛し、学校の人々に親しんで、学級や学校の生活を楽しくすること。 ・先生や学校の人々を敬愛し、みんなで協力し合って楽しい学級や学校をつくること。 ・先生や学校の人々を敬愛し、みんなで協力し合ってよりよい学級や学校をつくるとともに、様々な集団の中での自分の役割を自覚して集団生活の充実に努めること。

第3節　小学校の道徳科

伝統や文化の尊重、国や郷土を愛する態度	・我が国や郷土の文化と生活に親しみ、愛着をもつこと。 ・我が国や郷土の伝統と文化を大切にし、国や郷土を愛する心をもつこと。 ・我が国や郷土の伝統と文化を大切にし、先人の努力を知り、国や郷土を愛する心をもつこと。
国際理解、国際親善	・他国の人々や文化に親しむこと。 ・他国の人々や文化に親しみ、関心をもつこと。 ・他国の人々や文化について理解し、日本人としての自覚をもって、国際親善に努めること。
D　主として生命や自然、崇高なものとの関わりに関すること	
生命の尊さ	・生きることのすばらしさを知り、生命を大切にすること。 ・生命の尊さを知り、生命あるものを大切にすること。 ・生命が多くの生命のつながりの中にあるかけがえのないものであることを理解し、生命を尊重すること。
自然愛護	・身近な自然に親しみ、動植物にやさしい心で接すること。 ・自然のすばらしさや不思議さを感じ取り、自然や動植物を大切にすること。 ・自然の偉大さを知り、自然環境を大切にすること。
感動、畏敬の念	・美しいものに触れ、すがすがしい心をもつこと。 ・美しいものや気高いものに感動する心をもつこと。 ・美しいものや気高いものに感動する心や人間の力を超えたものに対する畏敬の念をもつこと。
よりよく生きる喜び	(低・中学年にはこの項目はなく、高学年で初めて出てくるもの) ・よりよく生きようとする人間の強さや気高さを理解し、人間として生きる喜びを感じること。

※下の枠内右側は3段に分かれており、上段：第1学年及び第2学年、中段：第3学年及び第4学年、下段：第5学年及び第6学年の内容である。

○内容項目の構成について

　小学校学習指導要領解説　特別の教科　道徳編　の内容項目の書き方は次の3部構成になっている。これは、小学校から中学校までの内容の

第4章　道徳科の指導

体系性を高め、構成やねらいを分かりやすく示すものであり、内容項目
に手掛かりとなる言葉の付記となっている。

・内容項目の概要　…　その価値項目の説明

・指導の要点　　　…　特に留意すべき事柄や参考としたい考え方

「この段階においては」「指導に当たっては、」（低中高学年毎に）

○重点項目について

指導する項目数は次のようになっている。

・低学年　…　19項目

・中学年　…　20項目

・高学年　…　22項目

道徳科の時間は週1時間　年間35時間（1年生は34時間）である。時
間数よりも項目数が少ないので、年間で複数回取り扱う項目があること
が考えられる。これらの項目を、「重点項目」といい、どの項目を重点
項目にするかは、それぞれの学校で教育課程の編成を行うものである。
つまり、担任が勝手にどの項目を重点として年間に複数回指導するかを
決めてはならないのである。

各校で重点項目をどれにするか決める際には、児童や学校の実態や学
校の特色など考慮する。また、重点項目は、教育活動全体における指導
および道徳の時間における指導の両面において計画し、その学校の道徳
教育全体計画に載せられている。

第3節　小学校の道徳科

3．道徳科の特質を生かした学習指導の実践例

学習指導案例　1

【教材分析を基にねらいに迫る発問を精選し、中心発問でワークシートの活用を行って話し合いを深める展開】

　本事例は、生命尊重という各校で重点項目とされることの極めて多い内容を取り扱っている。そこで、教材分析をしっかりと行い、発問の精選をしていく。

第3学年　道徳科学習指導案

　　　日　時　　平成○○年□□月△△日（曜日）　第◇校時

　　　　　　　　　　第3学年○組　計○名

　　　　　　　　　授業者　　○○　　○○

1　主題名　　生命の尊さ

2　ねらい　　生命の尊さを感じ、生命あるあらゆるものすべて
　　　　　　　をいつくしむ心情を育てる。　D（18）生命の尊さ

3　教材名　　ヒキガエルとロバ

　　　　　　　　　　　　　　　出典：わたしたちの道徳（文部科学省）

4　主題設定の理由

⑴　ねらいとする価値について

　生命を大切にし尊重することは、かけがえのない生命をいとおしみ、自らもまた多くの生命によって生かされていることに素直に応えようとする心の表れである。生命のもつ侵し難い尊さが認識されることにより、生命はかけがえのないものであって、決して軽々しく扱われてはならないとする態度が生まれるのである。

59

第4章　道徳科の指導

　この内容項目は、主として人間の生命の尊さについて考えを深めることが中心となるが、生きているもの全ての生命の尊さも大切に考えなければならない。

　小学校中学年くらいになると、低学年よりも視野が広がり、比較する力もついてくる。他の人や物よりも劣っている所や見た目などから判断し、そのまま言動にしてしまうことがある。しかも、集団になると群集心理が働き、普段はしないことを言ったり、やったりしてしまうことがある。見た目が良くなくても命は尊いものであり、集団だからこそいたずらに傷付けてはいけないことにも気付かせたいと考えた。

(2)　児童の実態

　本学級の児童は、理科の授業における動植物の観察や飼育の経験を通して、動植物の成長を見守り、喜んだり、むやみに傷つけてはいけないと感じたりしている児童が大半である。しかし、集団になると調子に乗り、野山の草花を平気で痛めてもそれに気付かないことや、虫などに対する嫌悪感をもち、触ることも苦手にしている児童もいる。家庭で小動物を飼う経験も少ないことから、学校で蚕の飼育を通して、生き物に触れる体験を教育活動に取り入れている。

　一方、身近に「病弱」や「高齢」「死」についての体験をしている児童は少ないことから、生命尊重の意味が本当に分かっているところまでは至ってはいない。

　そこで、本主題を設定し、生きとし生けるものすべてを大切にすることの意味について、知識として理解するだけでなく、心から感じさせる機会としたい。

第3節 小学校の道徳科

(3) 教材について

本教材は、醜いヒキガエルに石をぶつけ、近づいてくる荷車にひかれそうになることをワクワクして見守る子どもたちと、重い荷物を引き、疲れ果てた年老いたロバがそのヒキガエルの命を守ろうと渾身の力を込めて轍を変えて進む様子を対比的に描いた物語である。物言わぬヒキガエルとそれをやさしい目で見つめるロバ、その様子には何も気づかず立ち止まったロバに鞭打つ農夫と、ヒキガエルが殺されることを期待して見ていたアドルフたちの姿を比べることによって、子どもたちと同様に面白がっていた自分たちの心もちの醜さに気付かされることであろう。ロバの行動や、ロバの行動を見て立ち尽くす子供たちの思いについて考えさせ、生命あるものを大切にしようとする態度を育てていきたいと考えた。

5 学習指導過程

	学習活動と主な発問（◎中心発問） 予想される児童の反応	指導上の留意点○ 評価◇
導入	1 ヒキガエルの写真を見た感想を発表し合う ○このヒキガエルの写真を見て思ったことを言いましょう。 ・気持ち悪い。　・鳴き声がうるさい。	○感じたことを正直に言う雰囲気を作る。
展開	2 教材「ヒキガエルとロバ」を読み、アドルフやロバの気持ちについて話し合う。 ①ヒキガエルに石をぶつけていた時、アドルフたちはどんな気持ちだったと思いますか。 ・気持ち悪い　・あっちへ行け ・石をぶつけてやれ	・教師の範読による教材提示 ○命の重さに気付かず、楽しんでいるアドルフたちの気持ちに気付かせる。

61

第4章　道徳科の指導

前段	②ヒキガエルに、ロバと荷車が近づいてきたのを見た時、アドルフたちはどんな気持ちだったと思いますか。 　・このままだと、荷車にひかれるな 　・石を投げるよりおもしろそうだ 　・わくわくする ③くぼみの中でじっとしているヒキガエルを見つめているロバは、どんな気持ちだったと思いますか。 　・かわいそうに、けがをしているんだね 　・何とか助けてあげたい ◎④くぼみの中のヒキガエルと遠く去っていくロバを見つめながら、アドルフたちはどんな気持ちになったでしょう。 　・ロバはヒキガエルをひかなかった 　・あんなに年老いたロバなのに 　・ぼくたちはなんてことをしてしまったんだろう 　・命は大切なんだ	○ヒキガエルがひかれることがとても残酷であることに気付かず、楽しみにしているアドルフたちの気持ちに気付かせる。 ・一枚絵の活用 ○痛みにこらえながら、ヒキガエルをひかないように必死になっているロバの気持ちに気付かせる。 ・一枚絵の活用 ○自分たちのした行動を後悔しているアドルフたちの気持ちに共感させる。 ・ワークシートの活用 ・グループでの話し合い ◇自分たちのした行動を深く後悔している主人公たちの心情により添えたか。
展開後段	3　命の大切さについて考える。 ○（アドルフたちのように）自分の生活の中で、生き物や植物を大切にできず、後悔していることはありませんか。	○アドルフたちのように、集団で動植物を傷つけた経験はないか思い出させる。 ・話し合いにより、友達の考えを知る機会とする。
終末	4　教師の説話を聞く。	○余韻を残して終われるようにする。

6　その他

(1)　評価の観点

　　○　物言わぬヒキガエルとそれをやさしい目で見つめるロバと、ヒキガエルが殺されることを期待して見ていたアドルフたちの姿を比べることによって、子供たちと同様に面白がっていた自分たちの心も

第3節　小学校の道徳科

ちの醜さに気付くことができたか。
○　ロバの行動や、ロバの行動を見て立ち尽くす子供たちの思いについて考え、生命あるものを大切にしようとする心情が育ったか。
○　ワークシートの活用、グループでの話し合いは効果的であったか。

(2) 板書計画

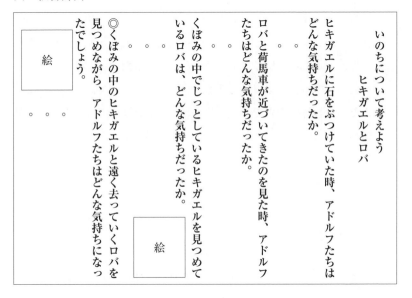

7　指導のポイント
(1) 教材分析の意義と活用
① 教材分析は何のためにするのか。それは、本時のねらいとの関連で教材の山場はどこかを明らかにし、教材を有効に活用した授業展開（展開前段）を構想するためである。
② 道徳の時間で扱う教材は、大部分が1時間扱いであり、一つの教材を2単位時間かけて扱うことは極めてまれである。それだけに、

63

第4章　道徳科の指導

　　教材を十分に解釈・分析し、教材のもつよさを十分生かすことが、心に残るよい授業を展開するポイントであり、そのための教材分析は不可欠である。

(2)　教材分析の活用

　○　ねらいとする価値に迫るために、教材のどこで本時の価値に切り込む発問（中心発問）を行うかを考える。教材の山場（中心場面）はどこかをつかみ、そこで行う中心発問は、文言一つ一つまで精選して、子どもたちにじっくり考えさせていきたい。

　○　展開前段で教材を用いて価値に迫っていくが、時間が限られているため、教材分析表で考えた発問をすべて行うのではなく、中心発問へとつなげる基本発問は、3～4個に精選すべきである。

　　基本発問以外は、教師が補足説明したり、児童との簡単なやり取りの中で確認したりすればよい。

(3)　教材分析の手順

　○　教材を熟読し、あらすじをつかむ。

　○　主人公の心の動きが現れている場面を選び、主人公、および登場人物の言動、心の動きを把握する。

　○　ねらいとする価値に迫るために最も適している場面を選び、中心発問を考え、その他の場面で基本発問を考える。

第3節　小学校の道徳科

＜教材分析＞

場面、 あらすじ	登場人物の言動、 心の動き	発問等 ○基本発問 ◎中心発問	指導上の留意点
学校帰りのはたけ道で、飛び出してきたヒキガエルに、アドルフたちは石をぶつける	・気持ち悪い。 ・あっちへ行け。 ・ヒキガエルだ。石をぶつけてやれ。 ・もっと石を集めて来いよ。 ・みんなでヒキガエルをやっつけよう。	①ヒキガエルに石をぶつけていた時、アドルフたちはどんな気持ちだったと思いますか。	○ヒキガエルに石をぶつけている子供たちの気持ちに共感させる。
子どもたちは、わだちに逃げ込んだヒキガエルにロバと荷車が近づいてくるのを見ている	・ヒキガエルが荷車にひかれるぞ。 ・石を投げるより、見ているほうがおもしろそうだ。	②ヒキガエルに、ロバと荷車が近づいてきたのを見た時、アドルフたちはどんな気持ちだったと思いますか。	○主人公や登場人物のワクワクしている気持ちに共感させる。
くぼみの中でヒキガエルはじっとしている。それをロバがじっと見つめる	・ヒキガエルはもう逃げられないぞ。 ・ロバはヒキガエルに気づいたな。 ・何をしているんだろう。	③くぼみの中でじっとしているヒキガエルを見つめているロバは、どんな気持ちだったと思いますか。	○物言わぬロバだが、その思いを考えさせることで、生命の尊さに思いをはせさせる。
アドルフたちはくぼみの中のヒキガエルと遠く去っていくロバをいつまでもながめていた	・呆然と見送る子どもたち。アドルフの手から石が滑り落ちていった。 ・子供たちはいつまでもいつまでも遠ざかっていくロバと荷車を眺めていた。	◎④くぼみの中のヒキガエルと遠く去っていくロバを見つめながら、アドルフたちはどんな気持ちになったでしょう。	○子供たちの心の中を十分に考えさせたい。

65

第4章　道徳科の指導

(4)　ワークシートの活用

○　児童に中心発問についてしっかりと考えさせるためには、考える手がかりとなるものが必要である。小学校の場合、発問に対してあれもこれも書かせるのではなく、1時間に一つに絞り、中心発問のところで、じっくり時間をとって考えさせることが望ましい。

○　子供たちはワークシートに書くことによって、主人公になぞらえて自分の気持ちを表現していく。

○　中心発問では、いきなりワークシートを配布して書かせることもあるが、児童の考えを引き出すために、まず1、2名発言させてから、全員に自分の言葉で書くように指導して書かせる。時間配分を考え、じっくりと考えをまとめワークシートに記入させている間に、机間指導をして、意図的指名につなげていく。

○　ワークシートを手がかりとして、話し合いで発言させるが、ワークシートを読み上げるのではなく、文言を付け足したり、変えたりして発表してよいことを指導する。

○　大切なのは、自分の言葉で表現するということである。そのため、友達と考えが似ていても「同じです。」というのではなく、自分なりの言葉で説明させるとよい。

○　ワークシートは、さし絵などのカットも入れるとともに、ふきだしのような形式で作成することが望ましい。

　また、中心発問の文言も書き入れておくことで、授業に集中することの難しい児童にも、今、何を考えればよいかを明確にとらえさせることができる。

66

第3節　小学校の道徳科

道徳ワークシート
「ヒキガエルとロバ」

三の（　　）

◎ くぼみの中のヒキガエルと 遠く去っていくロバを見ながら 子どもたちは どんなことを考えたでしょう。

第4章　道徳科の指導

学習指導案例　2

【教材提示を工夫し、役割演技を取り入れ、ねらいに迫る展開】

　本事例は、親切、思いやりという各校で重点項目とされることの極めて多い内容を取り扱っている。特に低学年の道徳では、いかにその教材の世界に浸らせるかが鍵となる。そこで、教材提示を工夫し、さらに中心発問で役割演技をさせることで、ねらいに迫っていく。

第1学年　道徳科学習指導案

　　　日　時　　平成○○年□□月△△日（曜日）　第◇校時

　　　　　　　　第1学年○組　計○名

　　　　　　　　授業者　　　○○　○○

1　主題名　　あたたかいこころで

2　ねらい　　身近な人たちに温かい心で接し、親切にしようとする心情を育てる。　　B（6）親切、思いやり

3　教材名　　はしの上のおおかみ

　　　　　　　　　　　　出典：わたしたちの道徳（文部科学省）

4　主題設定の理由

⑴　ねらいとする価値について

　よりよい人間関係を築くには、相手に対する思いやりの心をもち、親切にすることが大切である。思いやりとは、相手の気持ちや立場を自分のことに置き換えて推し量り、相手に対してよかれと思う気持ちを相手に向けることである。それらは独りよがりなものではなく、相手の立場や気持ちになって考え、相手を気遣うものであり、励ましたり、援助し

68

第3節　小学校の道徳科

たり、温かく見守ったりするような親切な行為となって表れるものである。特に、相手が困っていたりつらい思いをしていたりした時に、自分のことは後回しにしてでも何とか力になってあげたいと思うものである。

　小学校低学年の段階では、自分よりも弱い立場の者に「してあげる」という親切である。学年が上がるにしたがって立場が優位であるなしにかかわらず、誰に対しても相手の立場に立って考え、行動することの大切さを考えさせたい。

　今回の指導では、親切にしてもらった時の気持ちのよさと親切にしてあげる時の心地よさを感じ取らせ、親切にすることの大切さに気付かせたいと考えた。

⑵　児童の実態

　本学級の児童は、普段から給食の時に友達がこぼした片づけを手伝うなど、互いに思いやりの心をもち、助け合って生活している姿がよく見られる。学級で行っている「よいところ探し」では、友達にしてもらった親切な行為についての発表が毎日のようにある。

　しかし一方では、相手の気持ちを考えずにわがままをしてトラブルになったり、友達を思い通りに動かそうとしたりすることもある。また、褒めてもらえるから親切にするという幼い気持ちやおせっかいになってしまうこともある。

　少子化の影響で、兄弟姉妹の少ない児童も増えて、身近に幼児や高齢者がいない者も多い。そこで学校としても、たてわり班活動や1、2年の合同遠足などの異学年交流の活動を通して、年下の児童との関わりをもたせ、相手意識や思いやりの心を育てていけるように取り組んでいきたい。

第4章　道徳科の指導

⑶　教材について

　山の中の一本橋でおおかみはうさぎを追い返し、大いばりで橋を渡っ
たことが面白くなり、きつねなど自分より弱い動物を追い返す意地悪を
楽しむようになった。しかしある時、自分よりも体の大きいくまに出会
い、しまったと戻ろうとすると、くまが「こうすればいいのさ。」と橋
を渡らせてくれた。やさしく接してくれたくまの姿から、おおかみが自
分をふり返り、温かく接することの大切さに気付き、自分がこれまで意
地悪をした動物にやさしく接するようになる話である。

　本教材は、低学年児童が親しみやすい動物たちのお話である。また、
自分より弱い立場の者に対して思いやりをもって行動するということが
分かりやすく、役割演技にも取り組みやすい話である。

　おおかみがくまにやさしく抱き上げられ、橋を渡らせてもらうことで、
他者に優しく接することの大切さに気付く場面がもっともねらいに迫り
やすいと考える。ここで、教師がくま、児童がおおかみになり、実際に
平均台の一本橋を渡らせてあげるという役割演技を取り入れ、演技をし
ている児童にも、また見ている児童にもおおかみの気持ちを考えさせる。

　そして、中心発問を、「おおかみは、くまの後ろ姿を見送りながら、
どんなことを考えていたでしょう。」とし、ワークシートを活用して、
くまの優しさを実感したところや自分が今まで意地悪をしていたことを
反省し、これから優しく接しようと気持ちを入れ替えたことに気付かせ
たい。

　そこで、本主題を設定し、生きとし生けるものすべてを大切にするこ
との意味について、知識として理解するだけでなく、心から感じさせる
機会としたい。

　この教材を通して、自分が優しくすることがよりよい人間関係を築き、
お互いが気持ちよく生活できるということを考えさせたい。

第3節　小学校の道徳科

5　学習指導過程

	学習活動と主な発問（◎中心発問） 予想される児童の反応	指導上の留意点○ 評価◇
導入	1　他の人に優しくしてもらったり親切にしてもらったりしたことと、その時の気持ちについて話し合う。 ○みなさんは、周りの人に優しくしてもらったり親切にしてもらったりしたことはありますか。その時、どんな気持ちになりましたか。 ・けがをした時、保健室に連れて行ってくれた。	○身近な経験の中から、親切にしてもらってうれしかったことを思い出して発表させる。
展開	2　教材「はしの上のおおかみ」を読み、話し合う。 ①「こらこら。もどれもどれ。」とうさぎやきつねを追い返した時、おおかみはどんな気持ちだったと思いますか。 ・えっへん。いい気分だ。 ・みんなが言うことを聞くから楽しいな。 ②「ほら、こうすればいいんだよ。」とくまに抱きかかえられ、下ろされた時、おおかみはどんな気持ちだったと思いますか。 ・えっ、自分が戻ろうと思ったのに。 ・意地悪されるかと思ったのに、くまさんはやさしいな。 ・くまさん、ありがとう。 ・自分はずっとみんなに意地悪をしていたのに、くまさんは優しくしてくれた。	・山の中の一本橋がイメージしやすいように、平均台等を使った場面設定を行う。動作化の際にも使用する。 ・教師のペープサートなどを使った範読による教材提示 ○意地悪をして楽しんでいるおおかみの気持ちに共感させる。 ○自分より大きなくまが来た際の驚きや自分が戻ろうとするおおかみの気持ちも押さえておく。 ・教師がくまになり、児童がおおかみになって動作化をさせることにより、おおかみの心情を考えさせる。 ・おおかみのお面を準備

第4章　道徳科の指導

前段	◎③おおかみは、くまの後ろ姿を見送りながら、どんなことを考えていたでしょう。 ・優しくされると気持ちがいいな。 ・今まで、自分はずっとみんなに意地悪をしていて悪かったな。 ・今度からぼくもみんなに親切にしたいな。	・ワークシートの活用 ・友達の考えを聞き合う。 ◇親切にしてもらってうれしくなったおおかみの気持ちに気付き、自分も人に親切にしようという心情をもつことができたか。
	④次の日、うさぎを抱き上げて渡らせてあげるおおかみは、どんな気持ちだったでしょう。 ・みんなびっくりしているな。 ・お礼を言われたよ。 ・親切にすると気持ちがいいな。	・ペープサートの活用 ○親切にすることのよさを知って喜んで皆を渡しているおおかみの気持ちに気付かせる。
展開後段	3　自分の生活をふり返り、考える。 ○人に親切にしてあげたことには、どんなことがあるか。その時どんな気持ちになりましたか。	◇親切にすると自分もよい気持ちになることがわかり、すすんで親切にしようという心情をもつことができたか。
終末	4　教師の説話を聞く。	○余韻を残して終われるようにする。

6　その他

(1)　評価の観点

　　○　おおかみの気持ちに共感することで、ねらいとする道徳的価値に迫ることができたか。

　　○　親切な心、優しい気持ちが自分の中にもあることに気付いたか。

　　○　教材提示の工夫により、物語の世界に浸らせて考えさせることができたか。

(2) 板書計画

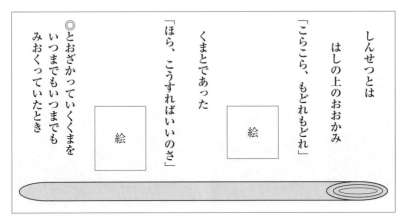

7 指導のポイント
(1) 教材提示の工夫
① 一本橋がイメージしやすいように、場面を設定し、黒板を一枚の絵になるようにする。そして、黒板の一本橋のうえでおおかみやうさぎ、きつねなどの動物のペープサートを動かしながら、教材の話を教師が語る。物語の世界に浸らせるために、プリントなどの資料は用いない。
② 動物の顔は裏表両面にしておき、普通の表情と困っている表情にする。おおかみとであって困りながらすごすごと引き返す動物たちの気持ちを考えさせる。
　おおかみもいばっている顔と茫然としている表情を裏表に作成し、動物たちを追い返して意地悪を楽しんでいる気持ちを想像させる。さらに、吹き出しを作成して、どの場面の誰の気持ちを考えればよいのか、明確にする。道徳の時間で扱う教材は、現段階よりも１学年程度易しい文体や内容、言葉遣いで構成されているが、話の

第4章　道徳科の指導

筋をしっかりと児童につかませるために、教材を十分に解釈・分析し、教材のもつよさを十分生かすことができるように、授業を展開するため、教材提示は重要である。

(2) 役割演技の活用

○　ねらいとする価値に迫るために、教材の山場（中心場面）はどこかをつかみ、そこで行う発問にたいして、じっくり考えさせる手がかりとなるものが役割演技である。演技する経験が少ないうちはふざけたりおもしろがってしまったりすることもあるが、登場人物になりきって気持ちを考えさせる手段としたい。

○　展開前段での教材提示の際に予め黒板の前に一本橋に見立てた平均台を置いておき、すれ違うことができない橋であることを実感させておく。また、時間が限られているため、3、4名の児童に順番におおかみの役をさせるが、その際にお面を準備して教師がくまのお面をつけ、児童におおかみのお面をかぶらせる。さらに、演技をしただけで終わりにせず、渡らせてもらった時の気持ちを発表させることで、見ている児童にもおおかみの気持ちを想像させる。

第3節　小学校の道徳科

学習指導案例　3

【教材の分断提示、事前アンケートを活用した展開】

　本事例は、家族愛の内容を取り扱っている感動的な教材である。

　道徳教材、特に感動的な内容の教材は、途中で分断せずに全体を通して提示するが、まれに分断することがある。本事例では、価値に迫るために意図的に教材の分断を行ったものである。また、事前アンケートをとり、意図的指名につなげたものである。

第4学年　道徳科学習指導案

　　日　時　　平成○○年□□月△△日（曜日）　第◇校時

　　　　　　　　　　　　　第4学年○組　計○名

　　　　　　　　　　　　　授業者　　○○　○○

1　主題名　　家族みんなで協力し合って

2　ねらい　　父母を敬い、家族みんなで協力し合って楽しい家庭を築こうとする心情を育てる。

　　　　　　　　　　　　　　　C（14）家族愛、家庭生活の充実

3　教材名　　ブラッドレーのせいきゅう書

　　　　　　　　　　出典：わたしたちの道徳（文部科学省）

4　主題設定の理由

⑴　ねらいとする価値について

　家庭は、児童にとって生活の場であり、団らんの場所でもある。児童は家庭で家族からの愛情をもって保護され、育てられている。児童の人格形成の基盤は家庭にあるといえる。また、家庭で養われる道徳性は、様々な集団や社会とのかかわりの基盤にもなっていく。児童が、自分の

第4章　道徳科の指導

成長を願って無私の愛情を注いでくれている家族の存在を意識することで、かけがえのない存在である家族を敬愛する心が育っていく。また、家庭生活の中で、互いの立場を尊重しながら家族に貢献できることの大切さにも気づいていくようになると、児童自身も家族の中での自分の立場や役割を自覚できるようになる。

　小学校中学年の段階では、自分が在るのは祖父母や父母がいるからであるということや、自分に対して愛情をもって育ててくれていること等に対して、敬愛の念を深めていくようにすることが大切である。そしてさらに、家族の一員として、家庭生活に積極的に関わろうとする態度を育てることが大切である。

　今回の指導では、家族に甘えてばかりで自分本位な考えでいた主人公が、母親からの請求書により、家族から愛情を一身に受けていたことに気付き、感動している心情を感じ取らせ、家族みんなで協力し合うことの大切さに気付かせたいと考えた。

⑵　児童の実態

　本学級の児童は、学校生活の中でも、教師の手伝いなどはよくするが、ほめられるからするという人も多い。事前に学級でとったアンケートによると、家庭でのお手伝いはする人が大多数だが、手伝いについて、家族の一員として当然やるべきことと捉えている人は少数であり、頼まれたり言われたりした時には行うが、積極的に家族のために何かをしようという意識はまだ育っていないことがうかがえる。

　家族に何かをしてもらうことは当然であり、身の回りの世話をしてもらって感謝はしているが、自分の欲求をかなえてくれるから家族は大切と感じている人も多い。家族の一員として、自分も積極的に手伝いをする等、協力し合って家庭生活をしていこうという思いをもたせたい。

76

第3節　小学校の道徳科

　少子化により兄弟姉妹の少ない児童も増えて、家庭で大事に育てられているが、そのことを当然のこととして、家族の思いに気付かず、自分本位にふるまってしまうこともある。

　保護者との連携という面からも、事前アンケートの結果を保護者にも伝え、保護者会の話題にしていきたい。また、本授業を学校公開や授業参観で行うことにより、保護者にも、家族愛の心を育てることの大切さを伝えていけるようにしていきたい。

(3)　教材について

　本教材では、主人公のブラッドレーが日常のお手伝いの報酬を要求し、思惑通りのお駄賃をもらう。ところが、今度は母親からの請求書を見せられた。そこには、「病気の時の看病代」「食事代」「洋服やおもちゃ代」等の項目が並んでいた。「その代金は？」と恐る恐る聞いてみると、いずれも０円とあった。ブラッドレーは母親の愛情の深さを感じ、自分がお手伝いの報酬を求めたことを反省するという内容である。

　母親からの請求金額の０円は、児童にとって予期せぬものである。その驚きを主人公ブラッドレーとともに感じとらせるため、教材を前半と後半とに分けて提示する。前半で、少し後ろめたい気持ちもあったが請求どおりにお金をもらってうまくいったと喜んでいる主人公の心情に共感させ、後半で、母親の深い愛情を感じ取り、自分のしたことを心から反省する主人公の気持ちを感じ取らせたい。

　そこで、本主題を設定し、家族の愛情に気付き、自分も家族の一員として協力し合って楽しい家庭を築こうとする心情を育てていきたい。

　また本教材には、日本人の名前に書き換えられているものも存在する。しかし、日本名ではなく外国の子供という設定により、前半で客観的に主人公の心情について考えさせていきたい。また、後半では、主人公に

77

第4章　道徳科の指導

同化して自分を見つめさせることにつなげることができると考える。

5　学習指導過程

	学習活動と主な発問（◎中心発問） 予想される児童の反応	指導上の留意点○ 評価◇
導入	1　家での自分の仕事について発表し合う ○家で自分がやることになっている仕事には、どんなことがありますか。 　・茶わんを下げる。　・部屋の片づけ	○家での自分の仕事を思い出させ、ねらいとする価値に気付かせる。 ・事前アンケートの活用
展開前段	2　教材「ブラッドレーのせいきゅう書」を読み、話し合う。 ①ブラッドレーが請求書を書いたのは、どんな考えからでしょう。 　・お手伝いをしたのだからもらっていい。 　・仕事をしたのだから、お駄賃がほしい。 ②請求書を見た時、お母さんはどんな気持ちだったでしょう。 　・お金のことばかり考えているんだ。 　・こんなせいきゅう書をわたすなんて信じられない。 　・しかたないから、このとおりに、お金をあげよう。 ③皿の横にお金が置いてあったのを見て、ブラッドレーはどんな気持ちだったか。 　・うまくいってうれしい。 　・本当にくれるとは思わなかった。 　・うまくいったぞ。 ◎④お母さんの請求書を読んで、ブラッドレーはどんな気持ちになったか。	・教師の範読による教材提示（前半） ・拡大した請求書の提示 ○後ろめたい気持ちもあるが、お駄賃がほしいブラッドレーの気持ちに気付かせる。 ○ブラッドレーだけでなく、お母さんの気持ちも考えさせる。 ○「取り引きがうまくいった」という言葉から考えさせる。 ○「うれしい。」という思いの他にもいろいろな気持ちがあることに気付かせる。 ・教師の範読による教材提示（後半）

78

第3節　小学校の道徳科

	・なんて恥ずかしいことをしてしまったのか。 ・お金を返して、謝ろう。 ・お母さんは、ぼくのために、これまで何でもやってくれていた。 ・これからは、どんな手伝いでもするよ。	・拡大した請求書の提示 ・ワークシートの活用 ○自分のした行動を後悔してなみだでいっぱいになったブラッドレーの気持ちに共感させる。
展開後段	3　これまでの家族に対する自分の言動や気持ちをふり返り、話し合う。 ○これまで、家族のためになることをしたことがありますか。それは、どんな気持ちからしたのですか。 ・食後の皿洗いをした。嫌々やっていた。 ・たのまれたから、おつかいに行った。	・グループでの話し合い ・全体での発表 ・話し合いにより、友達の考えを知る機会とする。 ◇父母を敬い、楽しい家庭を築こうとする気持ちを高めていたか。
終末	4　教師の説話を聞く。 　保護者の手紙を読む。	○教師が家族のためにしている体験談を話し、実践への意欲を高めさせる。 　余韻を残して終われるようにする。

6　その他

(1)　評価の観点

　　○　父母を敬愛し、家族の一員として助け合って生活していこうとする心情が育ったか。

　　○　教材の分断提示、事前アンケートの活用は効果的であったか。

第4章　道徳科の指導

(2)　板書計画（「お母さんのせいきゅう書」より　　主人公　たかし）

7　指導のポイント
(1)　教材提示の工夫　教材の分断提示

○　本教材は「家族愛」というねらいにぴったりで、感動的な話であり、児童の心に強く訴え、いつまでも心に響く話である。
　道徳科の時間は、教材によって大きく左右されるので、児童の実態にも合っており、ねらいが達成しやすく、しかも心に残るものを選択したい。

○　本事例であえて教材を分断提示したのは、主人公の置かれた状況やその時の心情に感情移入しやすくしたためである。

○　原則として、道徳科の教材は分断しないで通して提示する。特に、感動的な内容の教材は分断しないことが一般的である。

第3節　小学校の道徳科

　　分断することにより、教師が「次はどうなるか」を考えさせてし
　まい、後半を視聴して「当たった」「予想と違った」という受けと
　めばかりになり、肝心の主人公の心情を考えさせることができなく
　なってしまうことがある。安易な教材提示の分断は避けるべきであ
　る。

(2)　事前アンケートの活用　意図的指名へ

　○　ねらいとする価値に迫るために、授業の中での話し合いの部分は
　　大切にしたい。自分とは違う考えがあることを知り（他者理解）、
　　自分自身をふり返って見つめなおさせる（自己理解）ことはとても
　　重要である。そこで、ワークシートを書く活動の中での机間指導で
　　特徴的な考えの児童を把握すると共に、事前アンケートにより、意
　　図的に指名していく。

　○　導入で、アンケートのことに触れ、本時の価値について考えを絞
　　っていく。また、指導者自身が家庭での児童の様子についての理解
　　を深め、展開前段での発問構成を考えるのにも有効である。

　○　事前アンケートとその分析（次ページ参照）

81

第4章　道徳科の指導

○事前アンケートの活用

アンケート調査

名前（　　　　　　　　　　　　）

◎これはテストではありません。自分をふり返り、正直に答えましょう。

1　あなたが家の人から多く言われるのは、どんなことですか。
　⑴　＜例＞を参考に、多いものに○をつけましょう。
　　①　早く○○しなさい。　　　　　②　ありがとう。助かったよ。
　　③　よくできたね。やればできるよ。④　宿題は終わったの？
　　⑤　△△してはいけません。　　　⑥　がんばったね。感心したよ。
　　⑦　その他　（　　　　　　　　　　　　　　　　　　　　　）
　⑵　言われた時、どんな気持ちになりましたか。
　　（　　　　　　　　　　　　　　　　　　　　　　　　　　　）

2　あなたの家でのお手伝いについて答えましょう。
　⑴　お手伝いをどのくらいしていますか。
　　①　ほぼ毎日する　②　1週間に2、3回　③　気が向いた時にする
　　④　言われた時だけやる　⑤　ほとんどしない
　⑵　お手伝いについて、あなたの考えに近いものはどれですか。
　　①　お手伝いはいや（遊べない、めんどう、つかれる）
　　②　するのは仕方がない（決めたこと、たのまれたことだから）
　　③　得をする（お金がもらえる、ほしい物を買ってもらえる）
　　④　お手伝いは好き（楽しい、家の人が助かる、家の人が喜ぶから）
　　⑤　するのは当然（自分の役割だから、家族の一員としての役目）

3　「家族はいいな。」と思うことがありますか。それはどんな時ですか。
　⑴　思うことが（　ある　・　ない　）
　⑵　思うのは、どんな時ですか。
　　（　　　　　　　　　　　　　　　　　　　　　　　　　　　）

第3節 小学校の道徳科

○ 結果と考察

（問1）多く言われることばとその時の気持ち 上位3つ

宿題は終わったの？	19人	うるさいなあ。わかってるよ。いやな感じだ。
早く○○しなさい。	6人	いやな気分。しかたないからやるか。めんどう。
よくできたね。	6人	うれしい。またやりたくなる。

・「よくできたね。」等の認め、励ます言葉が2割弱ある。こうした言葉は児童の心の安定・自信・やる気等につながるものである。増えることが望ましいし、教師も心掛けて使いたい言葉である。

・ふだん言われる言葉は、「宿題は終わったの？」「早く○○しなさい。」が圧倒的に多い。保護者としては、テレビやゲームに夢中な我が子を見るとかけたくなるのであろう。しかし、マンネリ化すると、言われた方は「またか」「いやな感じ」程度にとらえている。児童には、保護者の注意や忠告を真摯に受け止め、改めようとする姿勢を育てる必要を感じる。

（問2）お手伝いの頻度及びお手伝いについての意識

	ほぼ毎日	週2-3回	気が向いた時	言われた時だけ	しない	合計（人）
いや	0	0	1	1	1	3
しかたない	5	0	2	2	0	7
得する	2	2	0	0	0	5
好き	4	2	2	2	0	9
当然	6	0	1	1	0	7
	17	4	6	6	1	31

第4章　道徳科の指導

・「毎日する」が半数以上おり、「お手伝いをしない」は1人である。ほとんどの児童が何らかの形でお手伝いをしている。

・「気が向いたらやる」「言われた時だけやる」という9人は気になる存在である。

・お手伝いの意識として「好き」「当然」が16人と約半数である。「お手伝いをするのは仕方ない」の7人を加えた23人がお手伝いをすることを肯定的に受け止めている。

・一方、「いや」「得する」の児童が8人おり、自己中心的な考え方や損得計算で捉えているように思える。

（問3）「家族はいいな」「家の人にありがとう」と思うこと

・「何か教えてくれたり、相談にのってくれたりする。」「病気やけがをした時やさしくしてくれる。」「一緒に遊んでくれる。」等、家族の愛情や絆をきちんと受け止めている児童がいる。

・「自分たちのために働いたり苦労したりしている。」「ご飯を作ったり洗濯をしてくれたりしている。」等、感謝の気持ちをもっていることがうかがえる。

・「欲しい物を買ってもらった時」「好きな場所に連れて行ってもらった時」等、欲求や願望をかなえてもらったことを挙げた児童も多い。3年生の発達段階として、具体的な楽しみに目が向くのは仕方がない。しかし、品物や旅行など、自分の思惑の実現、損得勘定で家族関係を捉えているとしたら問題である。

第3節　小学校の道徳科

学習指導案例　4

【教材提示の工夫、動作化を活用した展開】

　本事例は、公徳心、規則の尊重の内容を取り扱っている低学年の
教材である。低学年児童にとって、家でも学校でもない公共の場所
でのふるまいについて思いを巡らせることは難しい。そこで、教室
内にベンチを設定し、実際にその場所で動作化をさせることで、日
頃の自分の行動を思い出し、価値に迫るものである。

第2学年　道徳科学習指導案

日　時　　平成○○年□□月△△日（曜日）　第◇校時

第2学年○組　計○名

授業者　　○○　○○

1　主題名　　みんなが使う場所で

2　ねらい　　みんなが使う場所、みんなで使うものを大切に使
　　　　　　　おうとする態度を養う。　　C（10）規則の尊重

3　教材名　　黄色いベンチ

出典：わたしたちの道徳（文部科学省）

4　主題設定の理由

⑴　ねらいとする価値について

　本内容項目は、道徳の指導内容の重点の一つである社会生活上の決ま
りを身に付けることと関連の深い項目である。

　みんなで使うもの、みんなで使う場所は、身の回りに多くある。

　次に使う人のことを考えて、大切に使用していくという公徳心、不特
定多数が使うものは、自分のものよりももっと大切に扱わなければなら

第4章　道徳科の指導

ないという公共のマナーは会得することが難しいものである。

　昨今の、見つからなければいい、誰がやったかわからなければ罰せられないという考え方は、自分の属する集団や社会をよりよいもの、気持ちのよいものにするために各自が守ろうと努力していくというマナーの考え方と相反するものである。ここでは、一人一人が公共のものを大切に使うことで互いに気持ちよく安心して暮らせるということに理解させ、しっかりと守ろうとする意欲や態度を育てることが重要である。また、みんなで使う場所や物を進んで大切にし、工夫して使いたいという判断力や態度を身に付けられるように指導することが大切である。

　小学校低学年の段階では、まだ自己中心性が強く、ともすると周囲への配慮を欠いて自分勝手な行動をとることも少なくない。身の回りの公共物や公共の場所の使い方や過ごし方についてもどうすることがよいのか、またそれはなぜなのかといった理解は十分ではない。学校の教室や運動場などの、使う人が誰なのかが明確な場所だけでなく、公園など身近な場所だが利用する人の顔がはっきりとは思い浮かばない場所についても「みんなが使う場所、みんなが使うもの」であると視野を広げさせ、公共のマナーについて考えさせていきたい。

⑵　児童の実態

　本学級の児童は、学級や学校内で毎日使用するみんなで使うもの（黒板やボール、机いす、サッカーゴールなど）についてルールに従い、大切に使うことが身に付いている。しかし、放課後遊ぶ公園や道路などにあるものについてはあまり意識せず、自分勝手な使い方をしてしまうこともある。また、歩道でガードレールをけったり、駅などで遊んで騒いだりしても、周囲の人が不愉快な気持ちになっていることには気付いていないことが多い。「約束やきまり」だと意識されれば守るが、「きまり

86

ではないが、みんなが守っていること（マナー）」にはなかなか気が付かない。

　そこで、学校・学級の約束やきまりと関連させ、日常指導で確認してきたことを例に挙げることでイメージさせていく。また、生活科の学校探検などで校内を回った経験を想起させて、身の回りにはみんなで使う物がたくさんあることに気付かせる。そしてさらに、生活科の町探検や遠足での公共交通機関の利用などの機会を通して、次に使う人の気持ちを考えさせる機会を増やし、相手意識を育てていけるようにしたい。

　互いに気持ちよく過ごすためには一人一人がどのような行動をしたらいいのか考えることで、公徳心をはぐくみ、みんなのものを大切に使おうとする心情や態度を育てたい。

⑶　教材について

　雨降りが続き、やっと晴れた日曜日。たかしとてつおは、公園で遊びに夢中になるうちに、黄色いベンチの上に土足で上って紙飛行機を飛ばしてしまう。後からそこへ来た女の子がすわり、服が汚れてしまう。服の泥を落とそうとしながら、「どうしてこんなことが」となげくおばあさんの姿に、二人ははっとするという話である。

　本教材は、低学年児童にとって身近な公園という場所での出来事であり、遊びに夢中になって周囲が見えなくなってしまう主人公たちの気持ちにも共感しやすいものである。

　二人が何に気付いてはっとしたのかを中心発問としてじっくり考えさせる。そして、「きまりだから守る」「言われたから守る」「守らないとしかられるから守る」と他律的に守っていることの多い児童に、「約束やきまりは、互いが気持ちよくすごすためのものであることを自覚して、約束やきまりを守る」という態度を育てていきたい。

87

第4章　道徳科の指導

5　学習指導過程

	学習活動と主な発問（◎中心発問） 予想される児童の反応	指導上の留意点○ 評価◇
導入	1　みんなで使うものにはどんなものがあるか発表し合う ○みんなが使う物、みんなで使う場所にはどんなものがあるでしょう。 　・学級文庫の本　・ボール　・水飲み場	○身の回りにあるみんなで使う物を思い出させ、たくさんの物をみんなで使っていることを意識させる。
展 開 前 段	2　教材「きいろいベンチ」を読み、話し合う。 ①ベンチに上がって紙ひこうきを飛ばしている時、たかしとてつおはどんな気持ちだったと思いますか。 　・楽しいなあ。 　・高いところからだとよく飛ぶ。 　・ベンチの上から飛ばすのはいいな。 　・もっとやろう。 ②おばあさんは、女の子のスカートの泥を落としながら、どんなことを思ったでしょう。 　・ひどい。 　・誰がこんなことをしたのかしら。 ◎③顔を見合わせる二人はどんなことを考えたでしょう。 　・しまった。 　・ベンチを使う人のことを考えてなかった。 　・ごめんなさい。	・パネルシアターを設置し、絵を貼り付けながら教材提示し、興味・関心をもたせる。 ・教室前に置いたベンチから実際に紙飛行機を飛ばさせる。 ○楽しい気持ちに共感させる。 ◇夢中になっている時は、なかなか周りの人の存在を想像できないことに気付いたか。 ○孫娘の汚れた服を見て困っているおばあさんの思いに気付かせる。 ○自分勝手な行動が、他の人に迷惑をかけてしまうことがあることに気付かせる。 ・一枚絵の活用 ・ワークシートの活用

第3節　小学校の道徳科

	・しかられるかなあ。 ・靴のまま上がってはいけなかった。 ・悪いことをしたなあ。 ＜補助発問＞ ○この後、このベンチにはどんな人が座るでしょう。	・不特定多数の人が使う物であることを理解させる。 ・机間指導をし、意図的指名につなげる。
展 開 後 段	3　今までの自分を振り返り、話し合う。 ○（たかしとてつおのように）自分の生活の中で、みんなで使うものを大切に使うことができたことや大切にできなかったことはありますか。 ・図書室の本をきれいにそろえた。 ・中休みの後、ボールの片づけをしないで、そのままにしてしまった。 ・流しの水を出しっぱなしにしてしまった。	○身近なこととして考えられるようにする。 ○思いつかない時は、導入で出たみんなで使う物や日常の具体的場面を思い起こすように助言する。 ◇みんなが使う物を大切にしようとする意識が高まったか。
終 末	4　教師から、児童のよく使う公園の管理人さんの話を聞く。 ・仕事をしていて、困ることは何か。 ・どのような願いをもって仕事をしているか。 ・子どもたちへのメッセージ。	○前もってインタビューし、映像でまとめておく。

6　その他

(1)　評価の観点

○　誰でもが使うことのできる公園のような所でも、みんなが使う物を大切にすることの大事さに気付き、自分も大切に使おうという態度が育ったか。

○　パネルシアターによる教材提示および発問の際の板書の工夫や動作化は効果的であったか。

89

第4章　道徳科の指導

(2)　板書計画

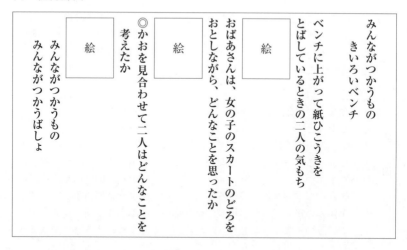

7　指導のポイント

(1)　教材提示の工夫

　①　最初の教材提示を、パネルシアターを用いて行い、公園の場面での登場人物たちの位置関係もつかみやすくする。

　②　話し合いの中で黒板に、発問の板書カードと共にパネルシアターで用いた絵を掲示し、考えさせる場面をはっきりさせる。

　◎　この教材で使用する板書カードや一枚絵、パネルシアターの道具などは、学習指導案やワークシートと共に保存し、校内で共有して

第3節　小学校の道徳科

いる。

※画像は、平成22・23年度八王子市教育委員会研究奨励校研究授業より

(2) 動作化の活用

○　登場人物の行為を理解させるために、教室の前に黄色いベンチを置き、実際に児童に紙飛行機を飛ばす動作をさせる。数回繰り返した後で、土足のままベンチに上って飛ばす動作をさせる。遠くまでよく飛んだ紙飛行機を見て、見ている児童たちからも思わず拍手が沸いたほどである。動作化は、実際に動作をした児童だけでなく見ている児童にも、場面の状況をつかませ、登場人物に共感させることができる手段である。

○　展開前段の②の発問の際に、女子児童にベンチに座ってもらい、教師が「おばあさん」と書いた札をかけて、女の子の汚れた服を見て泥を落とそうとする演技を行う。その後に発問をすることで、主人公たちとはちがうおばあさんの目線や気持ちを考えさせる。

○　公共の場所である公園は、いつも遊ぶ場所であり、身近なところでもあるが、そこを利用するのは、自分たちだけでなく、不特定多数の様々な人々であり、みんながそのベンチに座ることも考えさせていくことで、公徳心を育てていくことにつなげていく。

91

第4章　道徳科の指導

学習指導案例　5

【情報モラルに関する指導】

　本事例は、携帯電話という情報機器を安易に使用したことで友達
同士の人間関係がうまくいかなくなる事例であり、現代の子供たち
の環境に極めて近いものである。高学年児童にとって身近に起こり
うる問題として、ネット社会のマナーやモラルについて改めて考え
させることをねらいとしている。

第5学年　道徳科学習指導案

　　日　時　　平成○○年□□月△△日（曜日）　第◇校時

　　　　　　　　第5学年○組　計○名

　　　　　　　　授業者　　○○　○○

1　主題名　　ネット社会になっても

2　ねらい　　メールなどの表現や部分的な引用がもたらす危険
　　　　　　　性を知り、友達の信頼を裏切るような使用はする
　　　　　　　まいとする心情を養う。B（10）友情、情報モラル

3　教材名　　知らない間の出来事

　　　　　　　　　　　出典：わたしたちの道徳（文部科学省）

4　主題設定の理由

(1)　ねらいとする価値について

　社会の情報化が急激に進展し、コンピュータや携帯電話が普及するこ
とによって、情報の収集や発信などが容易にできるようになった。

　その一方では、情報化の影の部分が深刻な社会問題になっている。

　現代社会において、携帯電話やコンピュータ等の情報機器は児童にと

って身近なものとして存在している。しかし、その使い方を一歩間違えると大変な事態が生じてしまう。

　小学校高学年の段階では、それまで以上に友達を意識し、仲のよい友達との信頼関係を深めていこうとする。また、ともすると趣味や傾向を同じくする閉鎖的な仲間関係を作る傾向も生まれる。そのため、阻害されたように感じたり、友達関係で悩んだりすることがそれまで以上に見られるようになって、安定した学校生活を送ることが難しくなることがある。

　このことから、友達同士の相互の信頼の下に、互いに磨き合い、高め合うような心の友情を育てることについて、しっかりと考えさせていきたい。

　今回の指導では、互いに信頼し合い、友情を深めていこうとする心情や態度を養うという道徳の内容項目「友情・信頼」の中で、情報モラルをきちんと身に付けることの大切さに気付かせたいと考えた。

(2)　児童の実態

　本学級の児童は、全体としては、友達と協力して仲良く生活している。また、個々に見ると、趣味趣向が似ているなど気が合う人と集まって仲良く過ごす姿も多く見られる。

　それほど親しくない人にも、相手の立場や気持ちを考えて接する人がいる一方、相手の気持ちを深く考えずに発言したり行動したりして、友達を傷つけてしまうこともある。

　自分を理解してほしい、何でも打ち明けられ、相談できるような親友がほしいという願いを持つ人は多いが、自分が相手にとってそう思われるような人であるかということには考えが及ばない。

　携帯電話については、家庭の考え方で持っている人、持っていない人

第4章　道徳科の指導

の両者がいるが、保護者自身も「便利だから」「連絡ができて安心だから」という理由で持たせることが年々増えている。学校では推奨せずに学校への持ち込みは禁止しているが、放課後の遊びの連絡等をメールで行うことも多く、友人関係のトラブルも起きている。

　保護者も、情報モラルについて、きちんと指導できていない実情があり、児童がどのような使い方をしているかチェックもできていない保護者も多い。この問題は、学校だけでは解決できないため、家庭との連携を図り、啓発を行っていくことが大切である。

　学校では毎年、セーフティ教室で、低学年には連れ去り防止や不審者対応について、高学年には情報モラルについて授業を実施して保護者や地域に公開し、講師を招いて家庭でも考えていくことをテーマに講演会を実施している。

　そこでは、個人情報の漏洩や流失、またプロフなどによる不審者からのつきまとい、ネットいじめなどについても取り上げているが、どちらかといえば被害者にならないための指導が中心である。

　本時は、うわさ話のように深く考えずに発したものが、携帯メールという機器を介して、さらに拡大してしまうという内容であり、自分も加害者になることがあるということを意識させ、自分の言動を振り返させ、友情を深めるためにはどうふるまうべきかを考えさせたい。

⑶　教材について

　転入生のあゆみは、みかからメールアドレスを教えてほしいと言われるが、携帯電話を持っていなかったために、家の電話番号を伝える。がっかりしたみかは、そのことを何気なくメールに書いて友人に送る。すると、翌日、あゆみは前の学校で仲間外れにされていたというゆがめられた内容が他の人に伝わってしまっていたという内容である。

第3節　小学校の道徳科

　本教材は、携帯電話の普及を背景とし、軽率なメールをきっかけとして友達を傷つけてしまった人間関係のトラブルを題材としている。

　この教材では、みかとあゆみそれぞれの立場からこの出来事を捉え、互いに高め合えるよりよい友達関係を築くために大切なことは何かについて考えさせたい。

　また、児童には、情報化の影の部分についても考えさせ、その危うさを理解させると共に、情報機器の活用に当たっては、より慎重な行動が不可欠であることも認識させるようにしたい。

　この教材を通して、友人関係を築き、友情を深めていくためには、どうふるまうことが必要なのか考えさせたい。

5　学習指導過程

	学習活動と主な発問（◎中心発問） 予想される児童の反応	指導上の留意点○ 評価◇
導入	1　携帯電話、SNSなどにより、いろいろな問題が起きていることについて話し合う。 ○ネット社会といわれる現在、私たちの周りでもいろいろ問題が起きていることを知っていますか。なぜ、そんなことが起きるのでしょう。 ・個人情報がもれる。 ・いじめが起きている。	○携帯やPCが身近になっているが、その怖さや自分が加害者になることもありうることに気付かせる。
展開	2　教材「知らない間の出来事」を読み、みかの気持ちを中心に話し合う。 ①あゆみが携帯電話を持っていないことを知ったみかはどんなことを思ったでしょう。 ・せっかく友達になれそうなのに、携帯電話を持っていないなんて、友達がい	・教師の範読による教材提示 ・二人の顔の絵を提示 ○悪気なく、何も考えずに思ったことを友達にメールしてしまったみかの気持ちに気付かせる。

95

第4章 道徳科の指導

	なかったのかな。 ・私たちの仲間の雰囲気とちがうな。 ・がっかりした。	
前 段	②帰りの会の時、あゆみの気持ちを知ったみかはどのようなことを考えたと思いますか。 ・あゆみさんを傷つけてしまった。 ・そんなつもりではなかったけれど。 ・あやまらなくては。 ・自分の言葉がこんなふうにあゆみさんを傷つけてしまうことになるなんて思っても見なかった。 ・軽率なことをしてしまった。 ・もっと相手のことを考えて行動しなくてはいけなかった。	・一枚絵の活用 ○あゆみが傷ついていることを知って驚き、自分のせいだと気付いたみかの気持ちに気付かせる。
	③あゆみに電話しようとしているみかは、どのようなことを伝えたいと思っているのでしょう。 ・あゆみさんに悲しい思いをさせてしまって、本当に私が悪かった。反省している。 ・あゆみさんと仲良くしたかったのに、こんなことになるなんて、思ってもみなかった。 ・私が軽率にメールを送ったことが原因でした。 ・どうかゆるしてほしい。本当に申し訳ない。 ・これから仲良くしていきたい。	・一枚絵の活用 ・グループでの話し合い ○あゆみへのみかの気持ちを考えさせる。
	◎④みかは、この出来事について、どのようなことを思っているでしょう。 ・勝手な推測で、メールをするべきじゃなかった。 ・人のうわさをメールで流すのは、人を傷つけることにつながる。今度からも	・ワークシートの活用 ◇自分のした行動を深く後悔している主人公の心情により添えたか。 ・話し合いにより、友達の考えを知る機会とする。

	うしない。 ・私の送ったメールがこんな風に伝わっていくなんて思ってもいなかった。 ・私だけが悪いのかな。勝手に内容を変えた人も悪いのではないかな。	
展開後段	3 情報モラルについて考え、今までの自分について振り返る。 ○人のうわさをすることの怖さとそれをネット上ですることの怖さについて、どう考えますか。	・自分が加害者になることの怖さ、取り消せないことの恐ろしさを実感させたい。
終末	4 教師の説話を聞く。	○真剣に考えさせたい。

6 その他

(1) 評価の観点

 ○ メールなどの表現や部分的な引用がもたらす危険性を知り、友達の信頼を裏切るような使用はするまいとする心情を養うことができたか。

 ○ グループでの話し合いを通して、便利ではあるが、ネット社会の怖さに気付き、情報モラルを守ろうという意識が育ったか。

第4章　道徳科の指導

(2)　板書計画

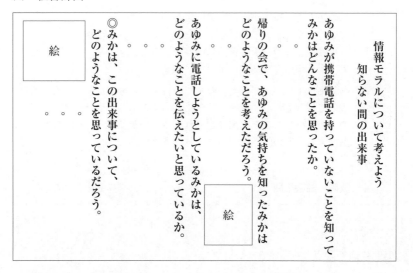

7　指導のポイント

○　情報モラルへの対応

(「第3章　特別の教科　道徳」の「第3　指導計画の作成と内容の取り扱い」の2)
(6)　児童の発達の段階や特性等を考慮し、第2に示す内容との関連を踏まえつつ、情報モラルに関する指導を充実すること。また、児童の発達の段階や特性等を考慮し、例えば、社会の持続可能な発展などの現代的な課題の取り扱いにも留意し、身近な社会的課題を自分との関係において考え、それらの解決に寄与しようとする意欲や態度を育てるよう努めること。なお、多様な見方や考え方のできる事柄について、特定の見方や考え方に偏った指導を行うことのないようにすること。

第3節　小学校の道徳科

　社会の情報化が進展する中、児童は、学年が上がるにつれて、次第に情報機器を日常的に用いる環境に入っており、学校や児童の実態に応じた対応が学校教育の中で求められる。これらは、学校の教育活動全体で取り組むべきものであるが、道徳科においても同様に、情報モラルに関する指導を充実する必要がある。

（小学校指導要領解説　特別の教科　道徳編より）

　以下、小学校指導要領解説　特別の教科　道徳編　第3節　指導の配慮事項より引用する。

ア　情報モラルと道徳の内容

　情報モラルは情報社会で適正な活動を行うための基になる考え方と態度と捉えることができる。内容としては、情報社会の倫理、法の理解と遵守、安全への知恵、情報セキュリティ、公共的なネットワークがあるが、道徳科においては、第2に示す内容との関連を踏まえて、特に、情報社会の倫理、法の理解と遵守といった内容を中心に取り扱うことが考えられる。

　指導に際して具体的にどのような問題を扱うかについては各学校において検討していく必要があるが、例えば、親切や思いやり、礼儀に関わる指導の際に、インターネット上の書き込みのすれ違いなどについて触れたり、規則の尊重に関わる指導の際に、インターネット上のルールや著作権など法やきまりに触れたりすることが考えられる。また、情報機器を使用する際には、使い方によっては相手を傷つけるなど、人間関係に負の影響を及ぼすこともあることなどについても、指導上の配慮を行う必要がある。

第4章　道徳科の指導

イ　情報モラルへの配慮と道徳科

　情報モラルに関する指導について、道徳科では、その特質を生かした指導の中での配慮が求められる。道徳科は道徳的価値に関わる学習を行う特質があることを踏まえた上で、指導に関しては、情報モラルに関わる題材を生かして話合いを深めたり、コンピュータによる疑似体験を授業の一部に取り入れたりするなど、創意ある多様な工夫が生み出されることが期待される。

　具体的には、例えば、相手の顔が見えないメールと顔を合わせての会話との違いを理解し、メールなどが相手に与える影響について考えるなど、インターネット等に起因する心のすれ違いなどを題材とした親切や思いやり、礼儀に関わる指導が考えられる。また、インターネット上の法やきまりを守れずに引き起こされた出来事などを題材として規則の尊重に関わる授業を進めることも考えられる。その際、問題の根底にある他者への共感や思いやり、法やきまりのもつ意味などについて、児童が考えを深めることができるようにすることが重要になる。

　なお、道徳科は、道徳的価値の理解を基に自己を見つめる時間であるとの特質を踏まえ、例えば、情報機器の使い方やインターネットの操作、危機回避の方法やその際の行動の具体的な練習を行うことにその主眼を置くのではないことに留意する必要がある。

第3節　小学校の道徳科

学習指導案例　6

【教材に浸り、自分の考え・生き方をふり返る指導】

　本教材は、道徳教材の中でも有名な教材である。人間の生き方・考え方として何を大切にすべきか児童一人一人に考えさせる内容である。そこで、教材分析を行って発問を精選し、高学年児童にとって、じっくりと主人公と向き合い、自己を見つめ直せるようにしたい。

第6学年　道徳科学習指導案

　　日　時　　平成○○年□□月△△日（曜日）　第◇校時

　　　　　　　　　　　　　　第6学年○組　計○名

　　　　　　　　　　　　　　授業者　　○○　○○

1　主題名　　自分に誠実に

2　ねらい　　誠実に、明るい心をもって生活していこうとする
　　　　　　　心情を養う。　　　　　　　A（2）正直、誠実

3　教材名　　手品師　　　　　　出典：「　○○○○　」（◇◇社）

4　主題設定の理由

⑴　ねらいとする価値について

　誠実さとは、人が見ている、見ていないに関わらず、自分の良心に従い、真心をもって行動することである。そして、他人に対しても自分自身に対してもごまかしたり言い逃れをしたりせずに、誠を貫こうとするものである。このような陰日なたのない誠の心で接することで、強い信頼関係が生まれる。誠実とは、人としての在り方、生き方の根本と言える。

第4章　道徳科の指導

　高学年の段階においては、自分自身に対する誠実さがより一層求められる。特にその誠実さが、他の人の受け止めを過度に意識することなく、自分自身の誠実に生きようとする気持ちが外に向けても発揮されたものと捉えられるように配慮する必要がある。

　人は自分を少しでもよく見せたいと背伸びをしてしまったり、利害関係を考え、あるいは、窮地に立たされると誠実さを失ったりして、正しい選択ができにくくなる。それらを乗り越えて、明るく誠実に生きていこうとすることで、人間のよさを自覚させ、深めていきたい。

(2)　児童の実態

　本学級の児童は、明るく素直で、元気に生活している。そして、少しずつではあるが、物事を論理立てて考えられるようになり、善悪の判断や良心に従って誠実に行動することの大切さも理解してきている。しかし、実生活においては、心の弱さから不誠実な態度を取ったり、自己防衛や自己顕示の欲求により、他に対して、うそをついたりごまかしたりしてしまうことも多く見られる。

　学級では、一人一人を認める受容的な雰囲気を作り出すために、朝の会や帰りの会、学級会や学校行事など、ことあるごとに自分自身を振り返る機会を設け、自分を見つめる機会を増やしている。

　児童には、一人の人間の言動として、あるいは良心に照らし恥ずかしくないか自らに問いかけ、自分で考え自分の意思で行動してもらいたい。自分をごまかしたり、逃げたりすることなく、いつも明るい心で、より望ましい自分であろうとする心がけの大切さに気付かせたい。そして、良心に忠実な言動をとり、明るい心で生活しようという気持ちを育てていきたいと考える。

102

⑶ 教材について

腕はよいがあまり売れていない手品師が、大劇場に出ることを夢見て努力している。ある日、しょんぼりしている男の子に会い、慰めるために手品を見せて、翌日のまたここに来ることを約束する。その夜、手品師は友人からの電話で、念願の大劇場に出る誘いを受ける。手品師は、男の子との約束と長年の夢の実現との間で悩みに悩むが、葛藤の末、友人の話を断る。翌日、たった一人のお客の前で手品師は次々と素晴らしい手品を披露するという話である。

本教材を通し、友人からの誘いを受けて迷う手品師の心の中を考え、たった一人の客の前でも全力を尽くす手品師の心の清々しさに共感させることで、自分自身の心に誠実に行動しようという心情を深めたい。

中心発問では、「大劇場に出るか」「男の子との約束を守るか」という葛藤を中心に話し合い、ねらいに迫っていく。

携帯電話等の情報機器が発達した現代社会において、児童は、「連絡する手段を考えるべき」とか「男の子も大劇場に招待すればよい」とかのような方法論に考えが向き、発言も出るであろう。しかしここでは、解決の手段を模索するのではなく、置かれた状況の中での、人の在り方、生き方の問題として考えさせるようにする。指導者がしっかりとねらいを見据え、道端でたった一度会っただけの男の子との約束を守るために、長年の夢がかなう機会を投げうった手品師の誠実な人柄・生き様を児童の心にしっかりと刻み込むようにしていきたい。

第4章　道徳科の指導

5　学習指導過程

	学習活動と主な発問（◎中心発問） 予想される児童の反応	指導上の留意点○ 評価◇
導入	1　「誠実」という言葉について発表する。 ○「誠実」とはどのようなことでしょう。 　・まじめ。　　　・うそをつかない。 　・信頼できる。　・ごまかさない。	○ねらいとする価値についての方向付けをする。
展開前段	2　教材「手品師」を読み、手品師の気持ちについて話し合う。 ①男の子に、「ああ、来るともさ。」と答えた時、手品師はどのような気持ちだっただろう。 　・こんなに喜んでくれるのなら、必ず来るよ。 　・約束は守るよ。心配しないで。 　・どうせひまな体だ。 ②友人からの電話で、チャンスが巡ってきたことを知った手品師は、どのような気持ちだったか。 　・やっとチャンスがきた。 　・夢だった大劇場に出たい。 　・この機会を逃したら、二度と大劇場の舞台には立てない。 ◎③迷いに迷っていた手品師の心の中はどんなだっただろう。 　・子どもと約束したのだから、裏切れない。 　・行かなかったら、子どもは悲しむだろう。 　・自分を第一に考えよう。 　・せっかくの友人の誘いだから。 　・自分の一生と子どものどちらが大切か。 　・子どもとの約束が先だから、それを優	・教師の範読による教材提示 ・一枚絵の活用 ○男の子と約束をした時の手品師に共感させる。 ・一枚絵の活用 ○大劇場に立つ長年の夢をかなえる機会に恵まれ、喜びと期待で胸をふくらませている手品師に共感させる。 ・一枚絵の活用 ・グループでの話し合い ・ワークシートの活用 ○どうすべきか葛藤する手品師の心中を考えさせる。 ◇悩む手品師に共感できたか。 ○友達の考えを知る機会とし、発言を類型化して、それぞれの価値観に気付かせる。

104

第3節　小学校の道徳科

	先させるべきだ。 ④翌日、男の子の前で手品をする手品師は、どのような気持ちだったか。 ・これでよかったのだ。約束を優先したのだから。 ・今ごろ舞台はどうなっているかな。 ・自分の選択に間違いはないはずだ。 ・今は目の前のお客さんを喜ばせよう。 ・こうすることが、一番よかったのだ。	○悩んだ末の決断に納得している手品師のすがすがしい気持ちに共感させる。
展開後段	3　今までの自分について振り返る。 ○自分の生活の中で、約束を守れなかったり、ごまかしてしまったりしたことはありませんか。 ・しかられたくないから、うそをついてしまった。 ・約束を守れなかった時に、ごまかしてしまった。	○今までの自分の行動の中で、誠実に行動できなかった経験を発表し合い、自己を反省し、今後の行動への意欲付けにする。 ・話し合いにより、友達の考えを知る機会とする。
終末	4　教師の説話を聞く。	○余韻を残して終われるようにする。

6　その他

(1)　評価の観点

　　○　手品師の生き方を通して、自分に優しく人に厳しくなってしまう弱さを乗り越えて、誠実に明るく生きていこうとすることの大切さに気付き、誠実に行動することの大切さについて気付くことができたか。

　　○　誠実に行動しようとする気持ちを高めることができたか。

　　○　ワークシートの活用、グループでの話し合いは効果的であったか。

第4章　道徳科の指導

(2)　板書計画

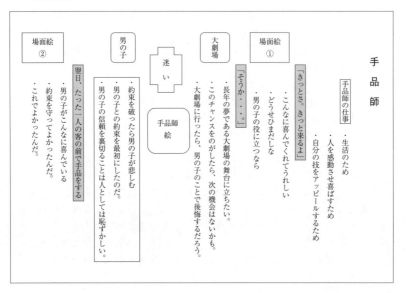

7　指導のポイント

(1)　発問の工夫　〜　教材分析より

　教師による発問は、児童が自分との関わりで道徳的価値を理解したり、自己を見つめたり、物事を多面的・多角的に考えたりするための思考や話し合いを深める上で重要である。発問によって児童の問題意識や疑問などが生み出され、多様な感じ方や考え方が引き出される。そのためにも、発問の精選が必要となる。

　道徳科における発問は、改定の趣旨にあるように、展開前段では、物語の読み取りに終始することなく、物語の世界に浸り、主人公に同化してその心情を考えさせると共に、展開後段にてその価値に照らして自己を見つめられるように考えて、授業者が練り上げるものである。

　発問を構成する場合には、教材分析を行い、授業のねらいとする価値

に深く関わる中心的な発問（中心発問）をまず考え、全体を一体的に捉えられるように、その前後の基本発問を考えるという手順が有効な場合が多い。さらに、ねらいに深く切り込んでいくための補助発問等も含め、文言まで事前にしっかり考えるなど、十分な準備をしておきたい。

　今回の指導案では、手品師が、長年の夢である大劇場に出るか、男の子との約束を守るかで迷いに迷うところを中心発問とし、そこに十分時間をかけられるように時間配分を考えた。そのため、手品師のプロフィールやしょんぼりしている男の子に声をかけ、事情を聞いた後、元気づけようと手品を見せた手品師の人柄を補足説明するなどの工夫をする。

　中心発問で十分に教材に浸らせ、自分の考え方・生き方を振り返らせたい。そして、それを展開後段で、今までの自分について問うことで、自己の内面をじっくりと見つめなおす機会としていく。

＜教材分析＞

場面 あらすじ	手品師の心の動き	発問等	指導上の留意点
手品師のプロフィール	・腕は確かだと思うが、なかなか声がかからずつらい。 ・いつかは大劇場のステージに立つ日が来る。その日のために腕を磨いておこう。	＜補助発問＞ ○主人公の手品師はどのような人か。	○腕はいいが売れず、大劇場のステージに立つのが夢という状況を把握させる。
１．手品師は町でしょんぼりしている男の子に声をかけ、手品を見せる。そして、	・この子は元気がないな。どうしたのだろう。 ・そうか、ひとりぼっちで寂しいのだな。 ・よし、手品を見せてあげよう。	①男の子に、「ああ、来るともさ。」と答えた時、手品師はどのような気持ちだっただろう。	○しょんぼりしている男の子に声をかけ、事情を聞いた後、元気づけようと手品を見せた手品

107

第4章　道徳科の指導

翌日も来ることを約束する。	・男の子がすっかり元気になってよかった。 ・明日も別に予定はないから来るよ。		師の人柄を補足説明する。 ○男の子と約束をした時の手品師に共感させる。
2．友人から「大劇場に出られるチャンスだ。すぐに来い。」との電話が来る。	・チャンスがきた。夢だった大劇場に出たい。 ・この機会を逃したら、二度と大劇場の舞台には立てない。	②友人からの電話で、チャンスが巡ってきたことを知った手品師は、どのような気持ちだったか。	○大劇場に立つ長年の夢をかなえる機会に恵まれ、喜びと期待で胸をふくらませている手品師に共感させる。
3．手品師は、大劇場に出るか、男の子との約束を守るかで、迷いに迷う。そして、迷った末に、友人の誘いを断る。	・子どもと約束したのだから、裏切れない。 ・行かなかったら、子どもは悲しむだろう。 ・自分を第一に考えよう。 ・せっかくの友人の誘いだから。 ・自分の一生と子どものどちらが大切か。 ・子どもとの約束が先だから、それを優先させるべきだ。	◎③迷いに迷っていた手品師の心の中はどんなだっただろう。	○どうすべきか葛藤する手品師の心中を考えさせる。 ○手品師が長年の夢や友達の友情を振り切ってまで、男の子との約束を大切にした心情をじっくり追究させたい。そこには、人として何を大切にすべきかが出ているものと考える。
4．翌日、手品師は一人のお客の前で、すばらしい手品を演じてい	・男の子が喜んでくれてよかった。 ・これでよかったのだ。約束を優先したから。	翌日、男の子の前で手品をする手品師は、どのような気持ちだったか。	○悩んだ末の決断に納得している手品師のすがすがしい気持ちに共感させる。

た。	・今ごろ舞台はどうなっているかな。 ・自分の選択に間違いはないはずだ。 ・今は目の前のお客さんを喜ばせよう。 ・こうすることが、一番よかったのだ。		

(2) 話し合いの工夫　〜考え・議論する道徳授業〜

　質の高い多様な指導方法の一つとして、読み物教材の登場人物への自我関与を中心とした学習が取り上げられる。

　そのためには、学年が上がるにつれて本音で語ることの少なくなる児童に、登場人物の立場になり、主人公と自己を同化していくようにさせることが必要である。考え・議論する道徳授業にするためには、展開の中で、主人公に共感し、いつの間にか主人公の心に入り込み、自分を重ね、登場人物と共に葛藤したり思い悩んだりすることで、よりよい生き方を模索していくように、発問を吟味し、話し合い活動を活発にしていくことが求められる。

　今回の指導では、中心発問で、主人公の生き方・心情に同化した自分の思いを、本音の出しやすい小グループで話し合う活動を取り入れている。全体の前では意見を出すことの難しい児童にも、自分を飾らず、考えを述べ合うことができるペアでの意見交換やグループでの話し合い活動は効果的である。そこで、他の人の考え方を知り（他者理解）、自分を見つめ直す（自己理解）と共に、葛藤場面での人間理解を深めるものである。

　話し合いの段階として、次の場面が考えられる。

　①　人間的な弱さ、普通の人間である主人公に共感させる場面

109

第4章　道徳科の指導

② 弱さとそれに対立する主人公の良心との間で揺れ動き、葛藤する
　　場面

③ 葛藤を乗り越え、人間としての価値ある生き方を見出す場面

④ ここで得た生き方の指針を自分のものとし、さらに応用していこ
　　うとする場面

第4節　中学校の道徳科

1．目標

道徳教育と道徳科のそれぞれの目標を比べてみよう。

【道徳教育の目標】（「中学校学習指導要領　第1章　総則」の「第1
中学校教育の基本と教育課程の役割」の2⑵）の3段落目

　道徳教育は、教育基本法及び学校教育法に定められた教育の根本
精神に基づき、人間としての生き方を考え、主体的な判断の下に行
動し、自立した人間として他者と共によりよく生きるための基盤と
なる**道徳性**を養うことを目標とすること。

【道徳科の目標】（「同上　第3章　特別の教科　道徳」の「第1　目標」）

　第1章総則の第1の2⑵に示す道徳教育の目標に基づき、よりよ
く生きるための基盤となる**道徳性**を養うため、道徳的諸価値につい
ての理解を基に、自己を見つめ、物事を広い視野から多面的・多角
的に考え、人間としての生き方についての考えを深める学習を通し
て、**道徳的な判断力、心情、実践意欲と態度**を育てる。

（注）太字、波線は筆者が付けたもの

110

第4節　中学校の道徳科

　道徳科が目指すものは、学校の教育活動全体を通じて行う道徳教育の目標と同様によりよく生きるための基盤となる道徳性を養うことである。その中で、道徳科が学校の教育活動全体を通じて行う道徳教育の要としての役割を果たすことができるよう、計画的、発展的な指導を行うことが重要である。

　道徳教育の要となる道徳科の目標は、道徳性を養うために重視すべきより具体的な資質・能力とは何かを明確にし、生徒の発達の段階を踏まえて計画的な指導を充実する観点から規定されたものである。その際、道徳的価値や人間としての生き方についての自覚を深め、道徳的実践につなげていくことができるようにすることが求められる。

　また、各教科、総合的な学習の時間及び特別活動では、それぞれの目標に基づいて教育活動が行われる。これら各教科等で行われる道徳教育は、それぞれの特質に応じた計画によってなされるものであり、道徳的諸価値の全体にわたって行われるものではない。このことに留意し、道徳教育の要である道徳科の目標と特質を捉えることが大切である。

　なお、道徳科の授業では、特定の価値観を生徒に押し付けたり、主体性をもたずに言われるままに行動するよう指導したりすることは、道徳教育の目指す方向の対極にある。多様な価値観の、時に対立がある場合を含めて、自立した個人として、また、国家・社会の形成者としてよりよく生きるために道徳的価値に向き合い、いかに生きるべきかを自ら考え続ける姿勢こそ道徳教育が求めるものである。

111

第4章 道徳科の指導

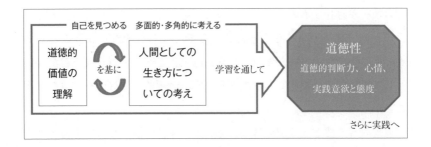

(1) 道徳的諸価値についての理解を基にする

　道徳的価値とは、よりよく生きるために必要とされるものであり、人間としての在り方や生き方の礎となるものである。学校教育においては、これらのうち発達の段階を考慮して、生徒一人一人が道徳的価値観を形成する上で必要なものを内容項目として取り上げている。生徒が将来、様々な問題場面に出会った際に、その状況に応じて自己の生き方を考え、主体的な判断に基づいて道徳的実践を行うためには、道徳的価値の意義及びその大切さの理解が必要になる。

　道徳的価値について理解するとは、以下のようなことである。

○　道徳的価値の意味を捉えること、その意味を明確にしていくこと

○　分かっていると信じて疑わない価値であっても、自己との関わりを問い直すこと

○　複数の道徳的価値の中から、どの価値を優先するか判断すること

　道徳的価値が人間としてのよさを表すものであることに気付き、人間尊重の精神と生命に対する畏敬の念に根差した自己理解や他者理解、人間理解、自然理解へとつながっていくようにすることが求められる。

第4節　中学校の道徳科

⑵　自己を見つめ、物事を広い視野から多面的・多角的に考え、人間と
　しての生き方についての考えを深める

　これは、学習を進めていく上で留意すべき諸側面を例示している。
ただし、こうした諸側面は、学習過程として形式的・固定的に捉えら
れるべきものではないことに留意する。

①　自己を見つめる

　道徳性の発達の出発点は、自分自身である。

　中学校段階では、小学校において育成される道徳性の基礎を踏ま
え、よりよく生きる上で大切なものは何か、自分はどのように生き
るべきかなどについて、時には悩み葛藤しつつ、生徒自身が自己を
見つめることによって、徐々に自ら人間としての生き方を育んでい
くことが可能となる。したがって、様々な道徳的価値について、自
分との関わりも含めて理解し、それに基づいて内省することが求め
られる。その際には、真摯に自己と向き合い、自分との関わりで改
めて道徳的価値を捉え、一個のかけがえのない人格としてその在り
方や生き方など自己理解を深めていく必要がある。また、自分自身
が人間としてよりよく生きていく上で道徳的価値を自分なりに発展
させていくことへの思いや課題に気付き、自己や社会の未来に夢や
希望がもてるようにすることも大切である。

②　物事を広い視野から多面的・多角的に考える

　グローバル化の進展、科学技術の発展や社会・経済の変化などの
課題に対応していくためには、人としての生き方や社会の在り方に
ついて、多様な価値観の存在を前提にして、他者と対話し協働しな
がら、物事を広い視野から多面的・多角的に考察することが求めら
れる。そこで、諸事象の背景にある道徳的諸価値の多面性に着目さ
せ、それを手掛かりにして考察させて、様々な角度から総合的に考

113

第4章　道徳科の指導

察することの大切さや、いかに生きるかについて主体的に考えることの大切さに気付かせることが肝要である。それは、物事の本質を考え、そこに内在する道徳的諸価値を見極めようとする力にも通じるものである。

③　人間としての生き方についての考えを深める

中学生の時期は、人生に関わるいろいろな問題についての関心が高くなり、人生の意味をどこに求め、いかによりよく生きるかという人間としての生き方を主体的に模索し始める時期である。

また、人間としての生き方についての自覚は、人間とは何かということについての探求とともに深められるものである。人間についての深い理解と、これを鏡として行為の主体としての自己を深く見つめることとの接点に、生き方についての深い自覚が生まれていく。そのことが、主体的な判断に基づく適切な行為の選択や、よりよく生きていこうとする道徳的実践へつながっていく。このような視点に立って、生徒が人間としての生き方について考えを深められるように様々な指導方法の工夫をしていく必要がある。

(3)　道徳的な判断力、心情、実践意欲と態度を育てる

道徳性とは、人間としてよりよく生きようとする人格的特性であり、道徳性を構成する諸様相である道徳的判断力、心情、実践意欲と態度を養うことを求めている。これらの道徳性の諸様相は、それぞれが独立した特性ではなく、互いに深く関連しながら全体を構成している。そこで、これらの諸様相が全体として密接な関連をもつように指導することが大切である。道徳科においては、これらの諸様相について調和を保ちつつ、計画的、発展的に指導することが重要である。

第4節　中学校の道徳科

道徳的判断力	○それぞれの場面において善悪を判断する能力 ○人間として生きるために道徳的価値が大切なことを理解し、様々な状況下において人間としてどのように対処することが望まれるかを判断する力 ⇒的確な道徳的判断力をもつことによって、それぞれの場面において機に応じた道徳的行為が可能になる。
道徳的心情	○道徳的価値の大切さを感じ取り、善を行うことを喜び、悪を憎む感情 ○人間としてのよりよい生き方や善を志向する感情 ⇒道徳的行為への動機として強く作用する。
道徳的実践意欲と態度	○道徳的判断力や道徳的心情によって価値があるとされた行動をとろうとする傾向性 ・道徳的実践意欲：道徳的判断力や道徳的心情を基盤とし、道徳的価値を実現しようとする意志の働き ・道徳的態度：それらに裏付けられた具体的な道徳的行為への身構え

　道徳科においては、その目標を十分に理解して、教師の一方的な押し付けや単なる生活経験の話合いなどに終始することのないように特に留意し、それにふさわしい指導の計画や方法を講じ、指導の効果を高める工夫をすることが大切である。

２．内容項目

⑴　内容構成の考え方

　道徳科の内容については、「内容項目」として、中学校では22項目を挙げている。これらは、中学校の３年間に生徒が人間として他者とともによりよく生きていく上で学ぶことが必要と考えられる道徳的価値を含む内容を、短い文章で平易に表現したものである。また、内容

115

第4章　道徳科の指導

項目ごとにその内容を端的に表す言葉を付記している。これらの内容項目は、生徒自らが道徳性を養うための手掛かりとなるものである。なお、その指導に当たっては、内容を端的に表す言葉そのものを教え込んだり、知的な理解にのみ留まる指導になったりすることがないよう十分留意する。

≪四つの視点≫

A　主として自分自身に関すること
自己の在り方を自分自身との関わりで捉え、望ましい自己の形成を図ることに関するもの
B　主として人との関わりに関すること
自己を人との関わりにおいて捉え、望ましい人間関係の構築を図ることに関するもの
C　主として集団や社会との関わりに関すること
自己を様々な社会集団や郷土、国家、国際社会との関わりにおいて捉え、国際社会と向き合うことが求められている我が国に生きる日本人としての自覚に立ち、平和で民主的な国家及び社会の形成者として必要な道徳性を養うことに関するもの
D　主として生命や自然、崇高なものとの関わりに関すること
自己を生命や自然、美しいもの、気高いもの、崇高なものとの関わりにおいて捉え、人間としての自覚を深めることに関するもの

　この四つの視点は、相互に深い関わりをもっている。そこで、関連を考慮しながら、四つの視点に含まれる全ての内容項目について適切に指導しなければならない。

　さらに、生徒の発達的特質に応じた内容構成の重点化も大切である。

　中学校の段階は、小学校の段階よりも心身両面にわたる発達が著し

い。他者との連帯と自我の確立の両面が進み、自己の生き方への関心が高まって、やがて人生観や価値観などを模索し確立する基礎を培う高等学校生活等につながる。そこで、このような中学生の発達的特質を考慮し、自ら考え行動する主体の育成を目指した効果的な指導を行う観点から、その内容項目を重点的に示している。

(2) **内容の取扱い方**

内容項目は、関連的、発展的に捉え、年間指導計画の作成や指導に際して重点的な扱いを工夫することで、その効果を高めることができる。

○関連性、発展性を考慮する

各学校や生徒の実態に即して、生徒の人間的な成長をどのように図り、どのように道徳性を育成するかという観点から、幾つかの内容を関連付けて指導することが考えられる。

また、年間を通して発展的に指導することが重要である。特に、必要な内容項目を繰り返して取り上げる場合には、それまでの指導を踏まえて、一層深められるような配慮と工夫が求められる。

○各学校における重点的指導の工夫

重点的指導とは、各内容項目の充実を図る中で、各学校として更に重点的に指導したい内容項目をその中から選び、多様な指導を工夫することによって、内容項目全体の指導を一層効果的に行うことである。

道徳科においては、内容項目について3年間を見通した重点的指導を工夫することが大切である。そのためには、重点的に指導する内容項目について年間の授業時数を多く取ることや、一つの内容項目を何回かに分けて指導すること、幾つかの内容項目を関連付けて

第4章　道徳科の指導

指導することなどが考えられる。次に、中学校の内容項目の一覧を
示す。

A　主として自分自身に関すること	
自主、自律 自由と責任	自律の精神を重んじ、自主的に考え、判断し、誠実に実行してその結果に責任をもつこと。
節度、節制	望ましい生活習慣を身に付け、心身の健康の増進を図り、節度を守り節制に心掛け、安全で調和のある生活をすること。
向上心 個性の伸長	自己を見つめ、自己の向上を図るとともに、個性を伸ばして充実した生き方を追求すること。
希望と勇気 克己と強い意志	より高い目標を設定し、その達成を目指し、希望と勇気をもち、困難や失敗を乗り越えて着実にやり遂げること。
真理の探究 創造	真実を大切にし、真理を探究して新しいものを生み出そうと努めること。
B　主として人との関わりに関すること	
思いやり 感謝	思いやりの心をもって人と接するとともに、家族などの支えや多くの人々の善意により日々の生活や現在の自分があることに感謝し、進んでそれに応え、人間愛の精神を深めること。
礼儀	礼儀の意義を理解し、時と場に応じた適切な言動をとること。
友情、信頼	友情の尊さを理解して心から信頼できる友達をもち、互いに励まし合い、高め合うとともに、異性についての理解を深め、悩みや葛藤も経験しながら人間関係を深めていくこと。
相互理解、寛容	自分の考えや意見を相手に伝えるとともに、それぞれの個性や立場を尊重し、いろいろなものの見方や考え方があることを理解し、寛容の心をもって謙虚に他に学び、自らを高めていくこと。
C　主として集団や社会との関わりに関すること	
遵法精神 公徳心	法やきまりの意義を理解し、それらを進んで守るとともに、そのよりよい在り方について考え、自他の権利を大切にし、義務を果たして、規律ある安定した社会の実現に努めること。

118

第4節　中学校の道徳科

公正、公平 社会正義	正義と公正さを重んじ、誰に対しても公平に接し、差別や偏見のない社会の実現に努めること。
社会参画 公共の精神	社会参画の意識と社会連帯の自覚を高め、公共の精神をもってよりよい社会の実現に努めること。
勤労	勤労の尊さや意義を理解し、将来の生き方について考えを深め、勤労を通じて社会に貢献すること。
家族愛 家庭生活の充実	父母、祖父母を敬愛し、家族の一員としての自覚をもって充実した家庭生活を築くこと。
よりよい学校生活 集団生活の充実	教師や学校の人々を敬愛し、学級や学校の一員としての自覚をもち、協力し合ってよりよい校風をつくるとともに、様々な集団の意義や集団の中での自分の役割と責任を自覚して集団生活の充実に努めること。
郷土の伝統と文化の尊重、郷土を愛する態度	郷土の伝統と文化を大切にし、社会に尽くした先人や高齢者に尊敬の念を深め、地域社会の一員としての自覚をもって郷土を愛し、進んで郷土の発展に努めること。
我が国の伝統と文化の尊重、国を愛する態度	優れた伝統の継承と新しい文化の創造に貢献するとともに、日本人としての自覚をもって国を愛し、国家及び社会の形成者として、その発展に努めること。
国際理解 国際貢献	世界の中の日本人としての自覚をもち、他国を尊重し、国際的視野に立って、世界の平和と人類の発展に寄与すること。
D　主として生命や自然、崇高なものとの関わりに関すること	
生命の尊さ	生命の尊さについて、その連続性や有限性なども含めて理解し、かけがえのない生命を尊重すること。
自然愛護	自然の崇高さを知り、自然環境を大切にすることの意義を理解し、進んで自然の愛護に努めること。
感動 畏敬の念	美しいものや気高いものに感動する心をもち、人間の力を超えたものに対する畏敬の念を深めること。
よりよく生きる喜び	人間には自らの弱さや醜さを克服する強さや気高く生きようとする心があることを理解し、人間として生きることに喜びを見いだすこと。

第4章　道徳科の指導

３．道徳科の特質を生かした学習指導の実践例

学習指導案例　　1

【登場人物への自我関与に重きを置いた展開】

　本事例は、登場人物の心情や行為が、中学生の発達段階から身近に共感できる内容である。そこで、主人公に共感させるとともに、「自分だったらどうする（考える）か、それはなぜか」などと考えさせて自我関与を促し、話合い活動を通して深めさせ、自分自身の心とじっくり対面させる。

第１学年　道徳科学習指導案

　　　　　　　　　　日　　時　　平成〇年〇月〇日（曜）第〇校時

　　　　　　　　　　対　　象　　第１学年A組　35名

　　　　　　　　　　授業者　　　〇〇　〇〇

1　主題名　　　「内なる良心の目覚め」（内容項目　D「よりよく生きる喜び」）

2　ねらい　　　人間には、自らの弱さや醜さを克服する強さや気高く生きようとする心があることを理解し、人間として生きることに喜びを見出そうとする道徳的心情を育てる。

3　教材名　　　「銀色のシャープペンシル」

　　　　　　　　（出典：『中学校読み物資料とその利用３』文部省）

4　主題設定の理由

⑴　ねらいとする価値について

　人間は、時として様々な誘惑に負けて易きに流れることや、自分本位

120

な考えや行動をとってしまうこともある。その一方で、そのことに後ろめたさや恥ずかしさを感じ、悩み苦しみ、良心の責めと闘いながら自分の存在を深く意識する。そして、人間として生きることへの喜びや人間の行為の美しさに気付いた時、人間は強く、気高い存在になる。間違いに気付いたとき、自分の葛藤を感じながらも良心に目を向けさせ、人として恥じない誇りある生き方をしようとする心情を育てることが大切である。

⑵　生徒の実態

　中学生の時期は、人間が内に弱さや醜さをもつと同時に、強さや気高さを併せもつことができることを理解するようになってくる。本学級の生徒は、これまでの学校行事や学級生活に進んで取り組んできた一方で、自信がもてずに言い逃れをしたり、自分に都合が悪いことには逃げたり正当化しようとしたりする場面も見られた。

　そこで、内なる良心の声に耳を傾け、心の中にある弱さや醜さを認めつつも誰もがもっている気高さを自覚させ、克服することで、よりよい生き方に近づこうとする心情を育てたい。

⑶　教材について

　主人公（ぼく）は、掃除中に落ちているシャープペンシルを見つけて自分のものにしてしまう。理科の時間に卓也に「僕のでは」と言われたり、健二にとがめられたりした。その場では、つい自分のものだと嘘をついたが、放課後に誰もいなくなってから卓也のロッカーにシャープペンシルを突っ込んで帰った。晴れない気分のまま帰宅後に、卓也からの謝りの電話があった。それがきっかけとなって、ぼくの気持ちが大きく揺れる。ぼくの気持ちの変化を追うことで、誰もがもつ心の弱さとそれを乗り越えようとする気高さに共感できる教材である。

第4章　道徳科の指導

5　学習指導過程

	学習活動と主な発問 （☆中心発問）	予想される生徒の反応	指導上の留意点○ 評価◇
導入	1　ねらいに関わる事柄を想起する。 「これまでに、自分の間違いなどを認めず、ごまかしてしまったことはあるか。その時の気持ちは？」	・ある。 ・家族にはある。 ・友達にはない。	○決して発表を強要しない。 ○ねらいに関わる経験を想起させて、問題意識をもたせる。
		よりよく生きるとはどういうことだろう。	
展開	2　教材を範読し、話し合って考えを深める。 (1)ぼくはどのような思いから、「自分で買った」と言ったのか。	・拾っただけで、取ったつもりはなない。 ・健二がはやし立てたから、慌ててごまかそうとした。 ・みんなが見ていたので、そう言うしかなかった。	○周囲の状況からとっさに自分を正当化してしまったことはありがちなことである。ぼくを責めるのではなく、弱さに共感させる。
	(2)ロッカーにシャープペンシルを突っ込んだ時、ぼくはどんな気持ちだったか。 　また、あなたならどうするか。それはなぜか。	・返したんだからこれで文句はないだろう。 ・誰にも気付かれていないから安心だ。 ・取ったと思われるのは嫌だ。拾わなければよかった。 ・ちゃんと直接返さなくては…でもできない。 〈自分ならば〉 ＊ぼくと同じ ＊ちゃんと返す。ずるをしたのではないので、正々堂々とする。	○自分のしてしまったことから逃れようとする心情を理解させる。さらに、ロッカーに戻したので、返したことになると安心していることについても考えさせる。 ○自我関与させて、自分の課題として捉える。
	(3)卓也からの電話をすぐ	・卓也は悪くないのに、	○卓也とぼくの心を対比

122

	に切った後、ぼくはどんな気持ちだったか。	なんで卓也が謝るんだ。 ・自分が恥ずかしい。 ・ずるをしたのはぼくなのに。でも、本当のことは言えない。 ・どうしたらいいんだ。	させる。 ○卓也の素直な心に触れたことで、ぼくが内面を見つめ、心が揺れ動くきっかけになったことを押さえる。
展開	☆(4)「ずるいぞ」という声が聞こえた時のぼくの心の中は、どんなだろうか。 　また、あなたがぼくだったら、どんなことを考えているか。	・これまでのことを思い出し、自分のずるさや弱さに気付き始めた。 ・動揺している。黙っていようか、本当のことを言おうか。 〈自分ならば〉 ＊迷う。 ＊とても恥ずかしい。 ＊自分のずるさを、またこのままにして正当化してよいのか。	○心の中から出た言葉であり、正面から自分の弱さと向き合おうとしていることを考えさせる。 ◇自分の弱さに気付き、それを克服しようとしている心情に至っているか。【話合い活動】（個人⇒グループ⇒個人で）
	(5)卓也の家に向かって歩いているとき、ぼくはどんな思いだろうか。	・きちんと謝れるか不安もあるが、弱さを乗り越えたいという強い気持ち。 ・今までさんざん迷っていたことも素直に言いたい。 ・うそをついて済まなかったと素直に謝ろう。 ・自分のずるさを認め謝り、恥じない生き方をしたい。	○内面を見つめてよりよく生きようとしているぼくの気持ちを押さえる。 ◇良心の声を聞いて行動しようとする心情が高まったか。【書く活動、発表】
終末	3　授業を振り返る。 　これまでに、自分の心の中の葛藤に打ち勝てたことはどんなことだったか。また、なぜそうしたのか。		○道徳的価値への思いを膨らませて深めさせる。誰でも弱さをもち、それを克服しようと努力していきたいという心情を高める。

123

第4章　道徳科の指導

6　その他
(1) 評価の観点
　　○　発問は、生徒が道徳的価値を自分のこととして捉えることができるものであったか。
　　○　道徳的価値の理解に基づき、自分の中にもある弱さを克服し、人間としてよりよく生きようとする発言や記述があったか。

(2) 板書計画

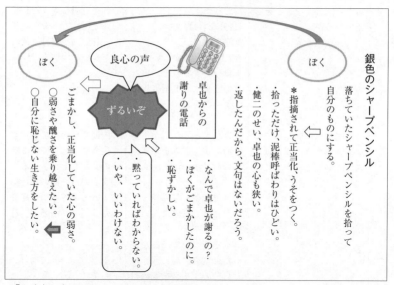

「ぼく」のところには、イラスト画を用意する。

7　指導のポイント
(1) 「考え、議論する道徳」の観点から
　　道徳科における「自我関与」には、次の意味が含まれると考える。
　　①　教材中の登場人物に自分自身を投影させて考える。

第4節　中学校の道徳科

②　ねらいとする道徳的価値を自分自身との関係で捉える。

　本教材は、主人公の心の葛藤が丁寧に描かれており、こうした葛藤は誰もが経験するため、中学生の発達段階からすると共感し、考えやすい教材である。そのため、登場人物を通して考えたことを自我関与し、自分だったらどうするかと、道徳的価値を自分に引き寄せて考えさせることが容易である。その際、行為だけを問うのではなく、なぜそうするのかという判断の根拠やその気持ちなどを押さえさせることが重要である。

　それを基に、グループ（4人程度）で議論を深め、そうした弱さや醜さを乗り越えようとする強さや気高く生きようとする心があることにまで深めたい。最後に、もう一度個人で考える時間を確保し、ねらいとする価値を自分自身との関わりの中で考えさせる。

(2)　工夫や配慮事項等

　○　「ぼく」と「卓也」（もしくは「健二」も含めて）の心を対比的に捉え、多角的に考えさせることもできる。ただし、友情に向かわないように留意する。

　○　はじめに、「言うべきだと自分を責める気持ち」と「黙っていようとする気持ち」のどちらに共感できるかを選択し、自分と異なる考えをもった友達と話し合うことから展開することも考えられる。

　○　中心発問の他の例として、「自分の弱さに負けそうなとき、どうすれば自分の心に恥じない行動ができるか」なども考えられる。

第4章　道徳科の指導

≪「銀色のシャープペンシル」の教材分析表≫

場面	「ぼく」の心の動き	発問等	指導上の留意点
1　掃除の時間に、落ちていた銀色のシャープペンシルを見付け、ポケットにしまった。	◆なくしたのでちょうどいい。 ◆まだ使える、もったいない。	（補助発問） ・なぜ、ぼくは見つけたシャープペンシルをポケットに入れたのか。	○考えもせず、その場に流されやすい主人公の心の弱さに気付かせる。
2　一週間後の理科の時間に、卓也に「そのシャープ、ぼくのじゃ…」と言われ、健二に泥棒扱いされたので、慌てて自分で買ったと嘘をついた。	◆拾っただけで、取ったつもりはなない。 ◆健二がはやし立てたから、慌ててごまかそうとした。 ◆みんなが一斉にぼくを見たから、そう言うしかなかった。 ◆健二に腹が立つ。卓也もみんなの前で言わなくてもいいのに。 ◇本当のことを言おうか、でも、自分で買ったと言ってしまったから、声に出せない。	○ぼくはどのような思いから、「自分で買った」と言ったのか。	○周囲の状況からとっさに自分を正当化してしまったことはありがちなことである。ぼくを責めるのではなく、弱さに共感させる。
3　授業後、卓也のロッカーにシャープペンシルを突っ込んだ。	◆返したんだからこれで文句はないだろう。 ◆誰にも気付かれていないから安心だ。 ◆取ったと思われるのは嫌だ。 ◇ちゃんと直接返さなくては…でもできない。	○卓也のロッカーにシャープペンシルを突っ込んだ時、ぼくはどんな気持ちだったか。	○自分のしてしまったことから逃れようとする心情を理解させる。 ○ロッカーに戻したので、返したことになると安心していることについても考えさせる。

126

第4節 中学校の道徳科

4 卓也から、思いがけず謝りの電話が入り、「う、うん」と言って、すぐに切った。	◇◆卓也は悪くないのに、まさか卓也が謝ってくるなんて。 ◇自分が恥ずかしい。顔が真っ赤になった。 ◇ずるをしたのはぼくなのに。でも、本当のことは言えない。	○卓也からの電話をすぐに切った後、ぼくはどんな気持ちだったか。	○卓也とぼくの心を対比して捉えさせる。 ○卓也の素直な心に触れたことで、ぼくが内面を見つめ、心が揺れ動くきっかけになったことを押さえる。
5 外に出て、行く当てもなく歩いている。突然「ずるいぞ」という声が聞こえた。	◇◆自分を責める気持ちと、このまま黙っていればいいという気持ちの両方に揺れ動く。 ◇これまでのことを思い出し、自分のずるさや弱さに気付き始めた。	◎「ずるいぞ」という声が聞こえた時のぼくの心の中は、どんなだろうか。	○心の中から出た言葉であり、正面から自分の弱さと向き合おうとしていることを考えさせる。
6 ゆっくりと向きを変え、卓也の家に向かって歩いている。	◇きちんと謝れるか不安もあるが、弱さを乗り越えたいという強い気持ち。 ◇嘘をついたことや、今までさんざん迷っていたことも素直に言いたい。 ◇自分のずるさを認め謝り、恥じない生き方をしたい。		○内面を見つめてよりよく生きようとしているぼくの気持ちを押さえる。

127

第4章　道徳科の指導

学習指導案例　2

【多面的・多角的に考える展開】

　本事例は、主人公だけでなく複数の登場人物の立場に立つなどして感じたり考えたりすることで、多面的・多角的に考えることができる内容である。場面設定としては日常とはかけ離れてはいるが、どのような場面であっても、多様な考えをもつ他者との関わりにおいて、様々な可能性を想定して総合的に考え、人間としてよりよい生き方を考えさせる。

第2学年　道徳科学習指導案

　　　　　　　　　　　　日　時　　平成○年○月○日（曜）第○校時

　　　　　　　　　　　　対　象　　第2学年B組　40名

　　　　　　　　　　　　授業者　　○○　○○

1　主題名　　「国際理解と平和」（内容項目　C「国際理解、国際貢献」）

2　ねらい　　世界の中の日本人としての自覚をもち、他国を尊重し、国際的視野に立って、世界の平和と人類の幸福に寄与しようとする態度を育てる。

3　教材名　　「六千人の命のビザ」（出典：『○○○』　◇◇社）

4　主題設定の理由

(1)　ねらいとする価値について

　現在、グローバル化が進み、国や民族を超えて人々と交流し、国際的規模の相互関係の中で働き、生きることがますます増えている。また、「東京2020オリンピック・パラリンピック」を控え、国際理解や国際貢献が

128

第4節　中学校の道徳科

これまで以上に身近になってきた。しかし、現実には、戦争や危機的な社会情勢もあり、偏見や無理解などから他の国の人と容易に連帯感がもてない状況も一部にある。

　将来を担う中学生には、我が国のことだけでなく、国際的視野に立って世界の中の日本人としての自覚をしっかりともち、国際理解を進め、将来、国際貢献ができる態度を身に付けてほしいと考える。

(2)　生徒の実態

　現在の中学生は、教科学習や情報化、直接的な体験を含め、他の国や人々に対する興味・関心が高まっている。こうした時期に、世界の人々と関わり、異文化への理解を深めることは重要である。本学級の生徒は、社会科や総合的な学習の時間、「オリンピック・パラリンピック教育」の学習などを通して、世界に対する興味・関心が高まっている。しかし、戦争や国際貢献については、理解が十分とは言い難い。

　そこで、本教材を通して、人類愛に基づく国際理解・国際貢献について、じっくりと考えさせたい。

(3)　教材について

　本教材は、第二次大戦中、本国政府の方針に背いてまでも、ナチスに迫害されたユダヤ人に日本通過のビザを発行した外交官・杉原千畝氏の話である。外交官としての立場に苦しみながらも、国や民族の違いを超え、同じ人間として困っている人を助けようとした杉原氏の姿勢は、人類愛とは何かを示している。実話だけに生徒は関心をもって読み、心を揺さぶられると思われる。時代や社会の背景については、社会科などと関連させて説明しておく必要がある。

第4章　道徳科の指導

5　学習指導過程

	学習活動と主な発問 （☆中心発問）	予想される生徒の反応	指導上の留意点○ 評価◇
導入	1　・教材の時代背景や社会情勢を視聴する。 ・授業者のパスポートを提示し、内容への興味・関心を高める。	・社会科で勉強した。 ・日本も大変だった。 ・先生も、海外に行ったことがあるんだ。	○社会科での学習を思い起こさせて確認する。
	国際理解や国際貢献を進めるにはどうしたらよいのだろう。		
展開	2　教材を範読し、話し合って考えを深める。 (1)5人のユダヤ人の代表との話し合い後、杉原氏とユダヤ人は、何を思っているか。	（杉原氏） ・自分だけでは決められない、困難だ。 ・何とかしたい、打開策はないか。 （ユダヤ人） ▽何とかビザを発行してほしい。 ▽だめかもしれないがやれることはやった。	○必死の人々を前に、困難だという気持ちと、できることはないかと悩む気持ちに共感させる。 ○4人のグループで、杉原氏とユダヤ人とに分かれて意見交換させる。
	(2)何度も日本に電報を打っても否という返事が来て、退去命令まで出ているときの杉原氏と妻・幸子さんはどんなことを考えていただろうか。	（杉原氏） ・ユダヤ人を見捨てられない、諦められない。 ・自分と家族の身の危険が迫っている。 ・外交官としてどうするのが一番良いのか。 （妻・幸子さん） ◇夫の悩みはわかるが不安だ。 ◇子供のために早く退去したい。 ◇外交官としての夫の決意を信じている。	○助けたい思いと、家族の安全を第一にしたいという気持ちの狭間で揺れる杉原氏と、それを見守る妻の心情や考えについて深めさせる（各人が抱える側面にも思いを至らせる）。 ○杉原氏と妻との会話を役割演技することも可能である。

展開	☆(3)外務省の命令に背いてまでも、杉原氏はなぜビザを発行し続けたのだろう。	・国や立場は関係ない。目の前の同じ人間を助けることが、外交官としての自分の役割である。 ・人間として今できることを忠実にすることこそが正しい、世界の平和のために迷いはない。 ・家族は生き残れるだろうから、彼らが生きるためには、ビザを発行する。 ・生命に国籍はない。	○命令に背けばどうなるかを理解しながらも、ビザを発行し続けた杉原氏の人類愛、国際貢献を考えさせる。（グループ→全体） ◇自身の命を賭けても国際的な視野で国際平和を願い貢献した杉原氏の心情や考えに気付けたか。【話合い活動、書く活動】
	3　自分の生き方を見つめる。 ・杉原氏の言葉や行動から感じたことや考えたことはどんなことか。 　また、これからの国際社会に生きることについて考えよう。	・極限状態であっても、人として何が大切なのかを考える杉原氏の行動を見習いたいが、自分にはできない。 ・公務員としては間違っているかもしれないが、人としては正しい。 ・自分なら家族を選ぶ。 ・いまだに戦争やテロがある現在、国際理解や国際貢献は本当に難しい。 ・世界は多様だが、みんな幸せになりたい気持ちは一緒。だから、自分ができることはしていきたい。	◇多面的・多角的な視野をもって国際社会に生きていることを理解したか。その上で、自分にできる国際貢献をしていこうとする態度が育ったか。【書く活動】
終末	4　授業を振り返る。 「国際理解」「国際貢献」に関わって活躍している事例を紹介する。		○国際問題を提示し、自分たちに何ができるか、今度どうしたらよいか、「東京2020オリ・パラ」において私たちができること、などを考えさせてもよい。

第4章　道徳科の指導

6　その他
(1)　評価の観点
　○　生徒が広い視野から多面的・多角的に考えることができる発問や指導方法であったか。
　○　生徒自身も、世界の中の日本人としての自覚をもち、他国を尊重し、自分にできる国際貢献をしていこうとする記述があったか。

(2)　板書計画

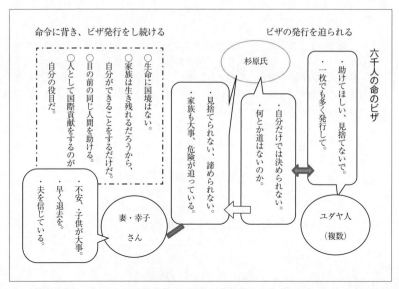

　＊　「杉原氏」のところには写真等を、「妻・幸子さん」と「ユダヤ人」はイラスト画を用意する。

7　指導のポイント
(1)　「考え、議論する道徳」の観点から
　本事例では、「多面的・多角的に考える」ことに焦点を当てて考え、議論を深めさせている。

第4節　中学校の道徳科

　本来、「多面的」と「多角的」とは異なる側面をもつ。道徳科の教材
では、例えば、複数の登場人物各々の立場に立てば多角的に考えること
のひとつとなるが、多面的は常にあるとは限らない。そこで、「・(中黒)」
が示すように、これを一語と捉えたい。そして、「様々な可能性を想定
して総合的に考える」として、議論を深めさせることとした。

　本教材では、主人公の杉原千畝氏の心情や考えに浸らせて、人類愛に
基づいた国際理解や国際貢献を考えさせる展開が一般的である。しかし、
ますます進むグローバル化の中で、世界の人々は多様な価値観をもち、
それに従って行動していることを考えさせる。そこで、本事例では、杉
原氏の妻やビザの発行を懇願に来たユダヤ人という、各々の側面をもっ
た異なる立場をもつ人物の立場に立って考えさせ、様々な可能性を想定
して総合的に議論を深めさせたい。

(2)　工夫や配慮事項等

　○　本教材は、時代背景を知っておく必要があるため、社会科等を活
　　用し、第二次世界大戦前後の情勢や当時のユダヤ人等について学習
　　しておくと背景を捉えやすい。また、杉原氏に関する資料や関連記
　　事、また、授業者が所有していればパスポートやビザなども活用で
　　きる。さらには、ICT機器を活用して、視覚に訴えることも有効で
　　ある。なお、読み物ではなくビデオ教材もある。

　○　国際貢献については、今後、総合的な学習の時間や生徒会活動な
　　どと連携し、自分たちにできる国際貢献を話し合わせることで、よ
　　り身近な課題ともなり、主体的な行動につなげることもできる。

133

第4章　道徳科の指導

学習指導案例　3

【問題解決的な学習を取り入れた展開】

　本事例は、生徒たちから解決したい道徳的価値を含んだ問題を出
させて、それについて互いに意見を交流し、学び合って考えを深め、
解決への方向性を探求していくものである。

　自分との関わりや人間としての生き方との関わりでその課題を見
つめ、生徒一人一人が道徳上の課題に対する答えを導き出すように
する。

第3学年　道徳科学習指導案

　　　　　　　　　　　日　時　　平成○年○月○日（曜）第○校時

　　　　　　　　　　　対　象　　第3学年C組　38名

　　　　　　　　　　　授業者　　○○　○○

1　主題名　　「ものの見方や考え方、寛容」（内容項目　B「相互
　　　　　　　理解、寛容」）

2　ねらい　　それぞれの立場を尊重し、いろいろなものの見方
　　　　　　　や考え方があることを理解して、寛容の心をもっ
　　　　　　　て謙虚に他に学んでいこうとする実践意欲を養う。

3　教材名　　「言葉の向こう側」

　　　　　　　（出典：『私たちの道徳』　文部科学省）

4　主題設定の理由

⑴　ねらいとする価値について

　人間は、大抵の物事についてその全体を知り尽くすことは難しく、自
分なりの角度や視点から物事を見ることが多い。そこで大切なことは、

互いが相手の考えや立場を尊重することである。他者との関わりの中で、それぞれを尊重する寛容の心をもてば、他者の良い面を積極的に認めようとすることができる。

また、自分のものの見方や考え方を広げて確かなものにしていくためには、他者に学ぶことが大切であることに気付き、他者の助言や忠告に謙虚に耳を傾けることが必要である。他者から謙虚に学ぶことは、よりよい人間としての成長を促す。

(2) 生徒の実態

中学生は学年が上がるにつれて、ものの見方や考え方が確立するとともに、自分の考えや意見に固執する傾向も見えてくる。また、自分と他者との考えや意見の違いが明らかになることを恐れたり、考え方の違いから仲間だと思っていた関係に摩擦が生じたりして、悩み、孤立する場合がある。その一方で、過剰に同調する傾向性もあり、安易に人の意見に合わせることで現実から逃避したり、自分さえよければよいという考えをもったりすることもある。本学級の生徒にも同様の傾向性が見られる。

そこで、他の人の意見や考えはいろいろなものがあることを再認識し、それを謙虚に受け止め、他に学ぶ広い心をもって、自分自身をさらに高めさせたい。

(3) 教材について

本教材は、現代的・社会的な課題のひとつでもある情報モラルを扱っている。主人公の加奈子は、インターネットでファン仲間との交流を楽しんでいるが、心ない書き込みが続いたことに怒り、自分もひどい言葉で応酬して逆に注意されてしまう。SNS上のやり取りの難しさに直面し、言葉の受け手の存在を忘れてしまっていた自分に気付く。ネット社会におけるよりよいコミュニケーションの在り方についても考えさせたい。

第4章　道徳科の指導

5　学習指導過程

	学習活動と主な発問 （☆中心発問）	予想される生徒の反応	指導上の留意点○ 評価◇
導入	1　教材に対する興味・関心を高める。 ・SNS上のやり取りでうれしかったことや問題になったことはあるか。	・ツイッターで「いいね！」をもらうとうれしい。 ・知らない人も友達のように感じる。 ・悪口を書かれて嫌だった。 ・仲間外れにされたことがある。	○生徒たちにとって生活の一部となっているSNSについて、共通の土俵を作っておく。
展開	2　教材を範読し、話し合って考えを深める。 ⑴「みんなで考えたいこと、疑問に思ったこと」はどのようなことか。 ＊学習の見通しをもって確認する。 ⑵加奈子には問題があるか。あるなら、何が問題だったか。 ⑶加奈子のように、なぜ、	・加奈子に問題はあるのか。何が問題なのか。 ・ネット上の中傷とその批判について ・主人公は最後に発見した「すごいこと」とは何か。 ・ファンなら、悪口を書く人が悪い。多少過激な表現があっても、反論は仕方がない。 ・意味のない中傷に反論しても、レベルは一緒だ。 ・ネットの功罪について、加奈子も分かっていない。 ・読み手は仲間だから、	○自由に挙げさせるが、本時の価値に適切なものに絞り込むため、教師も一緒に考え問いを作っていく。 ○問いを3点に絞ってその場で短冊に書いて黒板に貼り、学習の見通しをもつ。 ○生徒の問いから発しているので、敢えてねらいを板書しない。 ○問題がある側とない側に分かれて討論させる。 ○ついしがちな言動に対

136

展 開	ネット上での誹謗中傷の やり取りがあるのだろう か。 ☆(4)加奈子が発見した 「すごいこと」とは何だ ろう。 　また、そのことについ てあなたはどう思うか。	自分と同じ考えや思いが あると思い込んでいる。 ・みんな自分の言葉や写 真を発信したい。それが 読み手にどう取られるか をあまり考えていない。 ・そもそも加奈子の場合 はファンサイトだから、 中傷を書くほうが悪い。 ・ひどい言葉のやり取り は、それを読んだ多くの 知らない人の心を傷つけ る。相手意識が必要だ。 ・言葉を発するというこ とは、受け手がいる。そ のことを忘れずに交流す る。 ・言葉のやり取りだけが コミュニケーションでは ない。言葉の向こうに(奥 に)ある、思いや考えを 交わすことが大切だ。 〈自分ならば〉 ＊人には、各々の見方や 考え方があるのだから、 広い心をもつ。 ＊自分中心では成長がな い、謙虚な心や態度をも つ。 ＊ネット上のやり取りは 特に視野が狭くなる。受 け手の存在を考え正しく 使う。	して、自分の考えをもち、 グループでの話合いを通 してものの見方や考え方 を広げる。(個人⇒グル ープ⇒全体) ◇それぞれの立場を尊重 し、いろいろなものの見 方や考え方があることを 理解したか。【話合い活 動】 ○様々な見方のひとつと して、A選手への中傷を 肯定しているのではな い、ということをしっか りと押さえる。 ◇相互理解の大切さや、 他の人の立場や考えがあ ることに気付き、謙虚に 他に学ぼうとする実践意 欲を高めたか。【書く活 動】(個人で考えたこと をワークシートに書き、 意図的指名で全体に発 表)
終 末	3　授業を振り返る。 ・ねらいに迫る他の言葉 などを読む。(例) 『私たちの道徳』P.76～ 77)『東京都道徳教育教 材集』P.18		○ねらいに迫る言葉など を用意し、それを黒板(電 子黒板)に提示して、実 践意欲を高める。

第4章 道徳科の指導

6 その他
(1) 評価の観点
　○ ねらいとする道徳的価値についての理解を深めるために、問題解決的な学習を取り入れたことは適切であったか。
　○ 寛容の心をもって謙虚に他に学び、自らを高めていこうとする意欲が話合いや記述に見られたか。

(2) 板書計画

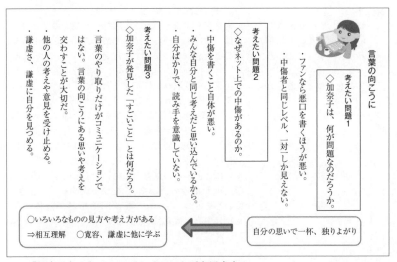

＊「加奈子」のところには、イラスト画を用意する。

7 指導のポイント
(1) 「考え、議論する道徳」の観点から
　道徳科における問題解決的な学習とは、生徒一人一人が生きる上で出会う様々な道徳上の問題や課題を多面的・多角的に考え、主体的に判断し実行し、よりよく生きていくための資質・能力を養う学習である。

第4節　中学校の道徳科

　本事例では、生徒たちから、「みんなで考えたいこと、疑問に思ったこと」を自由に出させ、道徳的価値を含んだ問題（発問）を生徒と共に作り、学習の見通しを立てる。このことによって、生徒は、自分の課題として主体的に道徳的価値を考え、問題解決の方向性について話合いを通して深めることができる。

　また、「中学校学習指導要領　総則　第3章　第3(6)」に、「生徒の発達の段階や特性等を考慮し、第2に示す内容との関連を踏まえつつ、情報モラルに関する指導を充実すること」とある。中学生にとってインターネットやSNSは生活の一部であり、主人公の言動を自分のこととして捉えることは容易である。そこで、単に情報モラルの指導とするのではなく、「相互理解、寛容」のねらいをもち、自分の判断や生き方と関わらせて考え、解決しようとする姿勢や意欲を高めるような展開を試みている。

(2)　工夫や配慮事項等

　　○　インターネットを題材としているため、様々な資料がある。そこで、生徒の発達段階や実態等に応じて、導入や終末での工夫を図る。

　　○　「直接、顔の見えない相手との対話」ということを視点にすることもできる。

　　○　問題解決的な学習という指導方法から迫っているため、教材に終始するのではなく、最後に自分自身の問題として引き寄せ、振り返りや今後の生き方を考えさせるという場を設定する必要がある。その際、時間を確保し、書く活動などを取り入れることが有効である。

第4章　道徳科の指導

学習指導案例　4

【現代的な課題と向き合い、体験的な学習を取り入れた展開】

　本事例は、いじめ問題を扱った内容である。新学習指導要領の改訂の背景のひとつに、いじめ問題への対応の充実がある。いじめ問題は様々な道徳的価値と関わるが、内容項目を絞って迫ることによって、いじめ問題に正面から取り組む。さらに、展開の途中に役割演技を取り入れ、体験的な学習の展開を試みている。

第2学年　道徳科学習指導案

　　　　　　　　　　日　時　　平成○年○月○日（曜）第○校時

　　　　　　　　　　対　象　　第2学年D組　37名

　　　　　　　　　　授業者　　○○　○○

1　主題名　　「考え、判断し、実行する」

　　　　　　　　（内容項目　A「自主、自律、自由と責任」）

2　ねらい　　自律の精神を重んじ、自主的に考え、判断し、誠実に実行してその結果に責任をもとうとする道徳的判断力を育てる。

3　教材名　　「傍観者でいいのか」

　　　　　　　（出典：『人権教育プログラム　学校教育編』東京都教育委員会　平成16年3月）

4　主題設定の理由

(1)　ねらいとする価値について

　いじめ問題は、新学習指導要領改訂の要因のひとつともなった現代の重要課題である。いじめ問題には様々な道徳的価値が含まれているため、

第4節　中学校の道徳科

発達段階や教材の特性を吟味し、年間を通して計画的・発展的に内容項目を絞り、それぞれの視点から考えさせていくことが必要である。

そこで、ここでは、「自主、自律、自由と責任」という内容項目から迫る。この道徳的価値は、小学校における「善悪の判断、自律、自由と責任」及び「正直、誠実」が統合されている。自ら考え、判断し、実行し、自己の行為の結果に責任をもつことは、道徳の基本である。深く考えずに付和雷同したり、責任を他人に転嫁したりするのではなく、自らの正しい判断力を高め、誠実に実行し、その結果に責任をもつことによって、自律的に生きることに誇りがもてるようになる。

(2)　生徒の実態

第2学年となったこの時期には、学年全体の人間関係も進み、仲の良いグループもできている。しかし、狭い仲間意識が強くなり、周囲を気にして他人の言動に左右されてしまうことも少なくない。本学級においても、自分自身の行為が自分や他者にどのような結果をもたらすかということを深く考えないまま、無責任な言動をすることも見られる。

そこで、何が正しく、何が誤りであるかを自ら判断して、望ましい行動がとれるようにし、自分がとった言動には責任があることも実感させたい。こうした一連の流れを通じて、自律的に生きることについてじっくりと考えさせたい。

(3)　教材について

いじめ問題は、どの学級にも起こりえる問題である。いじめの構図を考えた時、傍観者になる可能性は少なくない。たとえ傍観者であっても、その言動はよくないと知りながら、一歩踏み出せない背景や心情がある。本教材は、その傍観者の立場に焦点を当てている。

傍観者の視点について考え、自ら考え正しく判断し、誠実に実行してその結果に責任をもつことの意味をしっかりと考えさせる。

141

第4章　道徳科の指導

5　学習指導過程

学習活動と主な発問 （☆中心発問）	予想される生徒の反応	指導上の留意点○ 評価◇
導入　1　教材の内容に関わる事柄を確認する。 ・いじめの四層構造を確認する。	ア：いじめられている人 イ：いじめている人（複数が多い） ウ：見てはやし立てている人 エ：見て見ぬふりをする人	○いじめは、被害者対加害者という単純な対立構造ではなく、四層構造があり、人権侵害の問題であることを意識付ける。
見て見ぬふりをするのはどうしてだろう。		
展開　2　教材を範読し、話し合って考えを深める。 (1)各登場人物の立場を、導入で確認した四層構造に当てはめてみよう。	・Aさんはア ・Bさんたちはイ ・からかって笑う人はウ ・「私」とDさんと多くの人はエ	○各登場人物を四層構造に当てはめることで、各々の立場からの言動について共通理解する。
(2)なぜ、この学級はこんな状態になってしまったのだろう。	・そもそもいじめているBが悪い。 ・Aも嫌だと言えばいいのに、言えないAもいけない。 ・自分の正しい判断や意志で行動していないから、私やDにも問題がある。 ・Dはそれでも、Aに話しに行っている。でも、なぜ、私に言うのか。	○「いじめをしてはならない」と誰もが思っていても、こうした状態が生まれてしまう原因を、改めて客観的に考えさせる。
(3)わかっているのに見て見ぬふりをしてしまうのは、どうしてだろう。	・付和雷同しているほうが安心だから。 ・自分には関係ない。	○学級の半数を教材のクラスに見立て、残り半数の生徒には客観的に観察

142

第4節 中学校の道徳科

	私、Dさん、その他の多くの傍観者になって考える。	・Bに注意すると、今度は自分がやられる。 ・Aが優柔不断。 ・かわいそうだが、関わりたくない。 ・みんな善悪の判断をしていない。 ・自分の言動に責任をもっていないほうが楽だ。	させる。【役割演技】 役割演技後、全体で感じたことを交流する。
展 開	☆(4)傍観者でよいのだろうか。 　また、傍観者をなくすこともいじめ問題の解決につながるが、そのためにあなたならどうするか。 　各自の考えを発表する。	・傍観者は、自分で考えて正しい判断をすることから逃げている。 ・傍観者はいじめを認めている（している）ことと同じ。だから、いじめがなくならない。 〈自分ならば〉 ＊悪いとはわかっていても、傍観者になっていたことがある。これからは、正しい判断力をもって、行動したり話したりしたい。 ＊学級の雰囲気に流されずに、善悪の判断をして、正しいことが言えるようになる。 ＊自分でしっかりと考え、責任ある行動をとりたい。	○最後に個人に戻して自分自身を見つめ、それを全体で発表する。 ◇傍観者というのは自律、責任とはかけ離れていることに気付いたか。また、正しく言動し、その結果に責任をもとうとする判断力が育ったか。【机間指導、書く活動、発表】
終 末	3　授業を振り返る。 　東京都中学校生徒会長サミット（H19. 12. 22）における「いじめ撲滅宣言」を読む。		○同左、二点目の「いじめを見つけたら、自分たちにできることを考え、行動します」に焦点を当てて考えを深めさせる。

第4章 道徳科の指導

6 その他
(1) 評価の観点
　○ 体験的な学習を取り入れることで、課題に対する考えを多面的・多角的に広げ、課題解決のためにこの道徳的価値が大切であるという理解が深まったか。
　○ 特に配慮を要する生徒に適切に対応したか。

(2) 板書計画

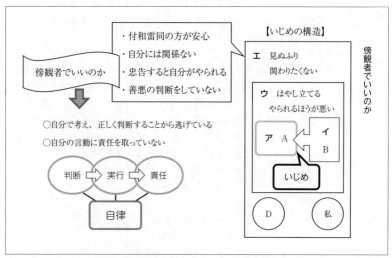

　登場人物（A、B、D、私）のところには、イラスト画を用意する。

7 指導のポイント
(1)「考え、議論する道徳」の観点から
　中学校学習指導要領「第1章　総則」の第6の3には、「(略) また、道徳教育の指導内容が、生徒の日常生活に生かされるようにすること。その際、いじめの防止や安全の確保等にも資することとなるよう留意す

第4節　中学校の道徳科

ること。」とある。それを受けて、各教科書では、いじめ問題の教材を複数扱っている。様々な道徳的価値を含むいじめ問題に対し、どこから切り込むかを明確にして指導に当たることが重要である。そして、道徳科での学びが日常生活で生かさせるよう、全教育活動との連携をしっかりと押さえて学びを深めたい。

　また、本事例では、多様な指導方法のひとつとして例示されている「体験的な学習」の中の「役割演技」を取り入れた。付和雷同する傍観者の立場に立って考えさせ、自主、自律の大切さを実感し、道徳的判断力を育てたい。

(2)　工夫や配慮事項等

　　○　いじめ問題には様々な道徳的価値が含まれていることを学年や学校全体で共通認識し、生徒の実態や発達段階を考慮して計画的・発展的に指導するよう配慮する。本事例では、人権上の配慮を忘れず、いじめを受けた側といじめた側の役割を設定しない。また、学級の半数を教材内のクラスに見立て、残りの半数を客観的に観察させる。時間があれば、役割交替をすることも効果的である。

　　○　本事例では、「いじめの構造図」を基に、教材を分析したところから始めた。いじめ問題にかかわる資料については調査物を含め数多くあり、適切なものを選択し生徒に提示することで、生徒の考えや議論が深められる。

　　○　「書く活動」を一か所に絞り、自己の心としっかりと対面させる。

第4章　道徳科の指導

第5節　道徳科の学習

1．道徳科の目標

　道徳科の学習は、以下に示す道徳科の目標に即して行われる。（小学校学習指導要領解説編より抜粋しているので、「児童」との表記となっているが、児童を「児童・生徒」と置き換えて受け止めたい）

（「第3章特別の教科道徳」の「第1　目標」）

　第1章総則の第1の2の（2）に示す道徳教育の目標に基づき、よりよく生きるための基盤となる道徳性を養うため、道徳的諸価値についての理解を基に、自己を見つめ、物事を多面的・多角的に考え、自己の生き方についての考えを深める学習を通して、道徳的な判断力、心情、実践意欲と態度を育てる。（小学校学習指導要領解説　特別の教科　道徳）

　道徳科が目指すものは、学校の教育活動全体を通じて行う道徳教育の目標と同様によりよく生きるための基盤となる道徳性を養うことである。その中で、道徳科が学校の教育活動全体を通じて行う道徳教育の要としての役割を果たすことができるよう、計画的、発展的な指導を行うことが重要である。特に、各教科、外国語活動、総合的な学習の時間及び特別活動における道徳教育としては取り扱う機会が十分でない道徳的価値に関わる指導を補うこと（補充）や、児童や学校の実態等を踏まえて指導をより一層深めること（深化）、相互の関連を捉え直したり発展させたりすること（統合）に留意して指導することが求められる。

146

第5節　道徳科の学習

2．道徳教育の目標に基づいて行う（道徳科を要とした道徳教育が目指すもの）

・「人格の完成を目指し、平和で民主的な国家及び社会の形成者として必要な資質を備えた心身ともに健康な国民の育成」（教育基本法第1条）

・「幅広い知識と教養を身に付け、真理を求める態度を養い、豊かな情操と道徳心を培うとともに、健やかな身体を養う」（第2条第1項）こと、「個人の価値を尊重して、その能力を伸ばし、創造性を培い、自主及び自律の精神を養うとともに、職業及び生活との関連を重視し、勤労を重んずる態度を養う」（同条第2項）

・「正義と責任、男女の平等、自他の敬愛と協力を重んずるとともに、公共の精神に基づき、主体的に社会の形成に参画し、その発展に寄与する態度を養う」（同条第3項）

・「生命を尊び、自然を大切にし、環境の保全に寄与する態度を養う」（同条第4項）

・「伝統と文化を尊重し、それらをはぐくんできた我が国と郷土を愛するとともに、他国を尊重し、国際社会の平和と発展に寄与する態度を養う」（同条第5項）

3．道徳性を養うために行う道徳科における学習

(1)　道徳的諸価値について理解する

　　「道徳的価値」とは、「よりよく生きるために必要とされるものであり、人間としての在り方や生き方の礎」となるものである。学校教育においては、これらのうち発達の段階を考慮して、児童一人一人が道徳的価値観を形成する上で必要なものを「内容項目」（内容項目一覧表を参照）として取り上げている。児童が将来、様々な問題場面に出会った際に、その状況に応じて自己の生き方を考え、主体的な判断に

147

第4章　道徳科の指導

基づいて道徳的実践を行うためには、道徳的価値の意義及びその大切
さの理解が必要になる。

　一つは、内容項目を、人間としてよりよく生きる上で大切なことで
あると理解することである（価値理解）。二つは、道徳的価値は大切
であってもなかなか実現することができない人間の弱さなども理解す
ることである（人間理解）。三つは、道徳的価値を実現したり、実現
できなかったりする場合の感じ方、考え方は一つではない、多様であ
るということを前提として理解することである（他者理解）。道徳的
価値が人間らしさを表すものであることに気付き、価値理解と同時に
人間理解や他者理解を深めていくようにする。

(2)　自己を見つめる

　道徳的価値の理解を図るには、児童（生徒）一人一人がこれらの理
解を自分との関わりで捉えることが重要である。人間としてよりよく
生きる上で大切な道徳的価値を自分のこととして考えたり感じたりす
ることである。

　「自己を見つめる」とは、自分との関わり、つまり「これまでの自
分の経験やそのときの考え方、感じ方と照らし合わせながら、更に考
えを深めること」である。

　道徳科の指導においては、児童が道徳的価値を基に自己を見つめる
ことができるような学習を通して、道徳性を養うことの意義について、
児童自らが考え、理解できるようにすることが大切である。

(3)　物事を多面的・多角的に考える

　道徳科においては、児童が道徳的価値の理解を基に物事を多面的・
多角的に考える体験などを通して、そのよさや意義、困難さ、多様さ

148

第5節　道徳科の学習

などを理解することが求められる。

　このように、道徳的価値の理解を基に、自己を見つめ、物事を多面的・多角的に考えるという道徳的価値の自覚を深める過程で、道徳的価値を自分なりに発展させていくことへの思いや課題が培われるのである。その中で、自己や社会の未来に夢や希望がもてるようにすることが大切である。物事を多面的・多角的に考える指導のためには、物事を一面的に捉えるのではなく、児童自らが道徳的価値の理解を基に考え、様々な視点から物事を理解し、主体的に学習に取り組むことができるようにすることが大切である。

⑷　自己の生き方についての考えを深める

　児童は、道徳的価値の理解を基に自己を見つめるなどの道徳的価値の自覚を深める過程で、同時に自己の生き方についての考えを深めているが、特にそのことを強く意識させることが重要である。

　児童が道徳的価値の理解を基に、自己を見つめ、物事を多面的・多角的に考えることを通して形成された道徳的価値観を基盤として、自己の生き方についての考えを深めていくことができるようにすることが大切である。

　その際、道徳的価値の理解を自分との関わりで深めたり、自分自身の体験やそれに伴う考え方や感じ方などを確かに想起したりすることができるようにするなど、特に自己の生き方についての考えを深めることを強く意識して指導することが重要である。

　道徳科においては、これらのことが、児童の実態に応じて計画的になされるように様々に指導を工夫していく必要がある。なお、このことは中学校段階において、人間としての生き方についての考えを深めることに発展していく。

149

第4章　道徳科の指導

４．道徳的な判断力、心情、実践意欲と態度を育てる

「道徳性」とは、人間としてよりよく生きようとする人格的特性であり、道徳教育は道徳性を構成する諸様相である道徳的判断力、道徳的心情、道徳的実践意欲と態度を養うことを求めている。

【道徳的判断力】それぞれの場面において善悪を判断する能力である。つまり、人間として生きるために道徳的価値が大切なことを理解し、様々な状況下において人間としてどのように対処することが望まれるかを判断する力である。的確な道徳的判断力をもつことによって、それぞれの場面において機に応じた道徳的行為が可能になる。

【道徳的心情】道徳的価値の大切さを感じ取り、善を行うことを喜び、悪を憎む感情のことである。人間としてのよりよい生き方や善を志向する感情であるとも言える。それは、道徳的行為への動機として強く作用するものである。

【道徳的実践意欲と態度】道徳的心情や道徳的判断力によって価値があるとされた行動をとろうとする傾向性を意味する。道徳的実践意欲は、道徳的判断力や道徳的心情を基盤とし道徳的価値を実現しようとする意志の働きであり、道徳的態度は、それらに裏付けられた具体的な道徳的行為への身構えと言うことができる。

これらの道徳性の諸様相には、特に序列や段階があるということではない。一人一人の児童が道徳的価値を自覚し、自己の生き方についての考えを深め、日常生活や今後出会うであろう様々な場面、状況において、道徳的価値を実現するための適切な行為を主体的に選択し、実践することができるような内面的資質を意味している。

道徳性を養うことを目的とする道徳科においては、その目標を十分に理解して、教師の一方的な押し付けや単なる生活経験の話合いなどに終始することのないように特に留意し、それにふさわしい指導の計画や方

150

法を講じ、指導の効果を高める工夫をすることが大切である。

道徳性は、徐々に、しかも着実に養われることによって、潜在的、持続的な作用を行為や人格に及ぼすものであるだけに、長期的展望と綿密な計画に基づいた丹念な指導がなされ、道徳的実践につなげていくことができるようにすることが求められる。

第6節　道徳科の特質を生かした指導方法の工夫

ここでは、「指導の基本方針」として、●全教育活動における「道徳教育」と密接な関連を図ること、●「道徳科の年間指導計画」に基づくこと、●児童や学級の「実態」に即して適切な指導を展開することが重要である。特に、以下に述べる指導の基本方針を確認したい。

1．道徳科の特質を理解する

道徳科は、児童一人一人が、ねらいに含まれる一定の道徳的価値についての理解を基に、自己を見つめ、物事を多面的・多角的に考え、自己の生き方についての考えを深める学習を通して、内面的資質としての道徳性を主体的に養っていく時間である。

以前は、「道徳的実践力」を内面的資質、「道徳的実践」を具体的な道徳行為として区別し、道徳の時間では道徳的実践力を育成する時間であると明記されていた。教科となった今日においても、その趣旨は変わらず、道徳の授業では具体的な行動や行為を身に付ける時間ではないことを明確にしておきたい。

2．教師と児童、児童相互の信頼関係

学級経営の問題である。道徳の学習がその成果を確実に上げるには、学級の状態がよい、すなわち、学級内の人間関係が良好で、しかも、信

第4章　道徳科の指導

頼関係の絆で結ばれていなければならない。このことは、何も道徳科学習に限らず全ての教科等の学習においても言えることである。そして、一人一人の児童が自分の考え方や感じ方を伸び伸びと表現することができる雰囲気を日常の学級経営の中でつくるようにすることが大切である。

　以下、小学校学習指導要領解説「総則編」から該当部分を引用する。（下線、筆者）

⑴　教師と児童の人間関係

　　教師と児童の人間関係は、教師に対する児童の尊敬と共感、児童に対する教師の教育的愛情、そして相互の信頼が基本になる。教師自身がよりよく生きようとする姿勢を示したり、教師が児童を尊重し児童から学ぼうとする姿勢を見せたりすることで信頼が強化される。そのためにも、教師と児童が共に語り合うことのできる場を日常から設定し、児童を理解する有効な機会となるようにすることが大切である。

⑵　児童相互の人間関係

　　児童相互の人間関係を豊かにするには、相互の交流を深め、互いが伸び伸びと生活できる状況をつくることが大切である。児童一人一人が互いに認め合い、励まし合い、学び合う場と機会を意図的に設けるとともに、教師は児童の人間関係が常に変化していることに留意しつつ、座席換えやグループ編成の在り方などについても適切に見直しを図る必要がある。また、異学年間の交流を図ることは、児童相互による道徳教育の機会を増すことになる。

第6節　道徳科の特質を生かした指導方法の工夫

３．児童の自覚を促す指導方法を工夫する

　道徳科は、道徳的価値を自分との関わりにおいて捉える時間である。時々、今までの道徳の時間において、個々の道徳的行為や日常生活の問題処理に終わる事例を散見したが、本来的には、それはやってはいけない授業である。もちろん道徳科においても同様である。あくまでも、児童自身が時と場に応じて望ましい行動がとれるような内面的資質を高めることがその目的である。

４．児童の発達や個に応じた指導を工夫する

　道徳の「内容項目」については、低・中・高学年のくくりで示されている。同じ中学年でも、３年生と４年生とでは発達の段階が大きく異なる。それらに考慮しながら授業のねらいを設定したり発問構成を考えたりしなければならないのである。また、一人一人の児童の道徳的な見方、考え方や経験も異なることから、そのような実態を踏まえた指導の在り方を構想することがより一層求められる。

５．多様な指導方法を工夫する

　ここで述べられていることは、一つは「問題解決的な学習」、もう一つは「体験的な活動」についてである。多様な指導方法は、この２つにとどまることではないが、代表的な例示として受け止めておきたい。

(1)　問題解決的な学習

　問題解決的な学習を取り入れることの重要性を示していることは分かるが、では、一体道徳科学習における「問題解決的学習」とはどのような学習を言うのであろうか。そもそも道徳科学習における「問題」とは何か、について明確にしておかなければならない。

153

第4章　道徳科の指導

　解説編から引用したい。まず、「道徳科における問題とは道徳的価値に根差した問題であり、単なる日常生活の諸事象とは異なる」とし、特別活動（特に、学級活動）とは区別している。そして、「道徳科における問題解決的な学習とは、ねらいとする道徳的諸価値について自己を見つめ、これからの生き方に生かしていくことを見通しながら、実現するための問題を見付け、どうしてそのような問題が生まれるのかを調べたり、他者の考え方や感じ方を確かめたりと物事を多面的・多角的に考えながら課題解決に向けて話し合うことである」と具体的な学習活動に言及している。いずれにしても、友達との話合いを通して道徳的価値のよさや難しさを確かめるような問題解決的な学習が考えられるのである。さらなる具体例は、今後の授業実践により明らかにしていきたいものである。

⑵　体験的な活動

　正確には、「道徳的行為に関する体験的な学習等を取り入れる工夫」である。大切なことは、道徳科の時間においては「具体的な行為・行動の指導をし、身に付ける時間ではない」ということである。

６．指導体制を充実する

　道徳的諸価値を理解したり、自分との関わりで多面的・多角的に考えたりするためには、例えば、実際に挨拶や丁寧な言葉遣いなど具体的な道徳的行為をして、礼儀のよさや作法の難しさなどを考えたり、相手に思いやりのある言葉を掛けたり、手助けをして親切についての考えを深めたりするような道徳的行為に関する体験的な学習を取り入れることが考えられる。さらに、読み物教材等を活用した場合には、その教材に登場する人物等の言動を即興的に演技して考える役割演技など疑似体験的

154

な表現活動を取り入れた学習も考えられるこれらの方法を活用する場合は、単に体験的行為や活動そのものを目的として行うのではなく、授業の中に適切に取り入れ、体験的行為や活動を通じて学んだ内容から道徳的価値の意義などについて考えを深めるようにすることが重要である。

第7節　指導計画の取り扱いと配慮事項

道徳科の指導計画には、「年間指導計画」と「学習指導案」とが考えられる。1時間の道徳科における学習指導案については、後の「第5章」で詳しく述べることとなるので、ここでは「年間指導計画」について記す。

1.「年間指導計画」の意義

「道徳科の年間指導計画」は、道徳科の指導が、「道徳教育の全体計画」に基づき、児童の発達の段階に即して計画的、発展的に行われるように組織された全学年にわたる年間の指導計画である。

このような年間指導計画は、特に次の諸点において重要な意義をもっている。

(1)　6年間を見通した計画的、発展的な指導を可能にする。児童、学校及び地域の実態に応じて、年間にわたり、また6年間を見通した重点的な指導や内容項目間の関連を図った指導を可能にする。

(2)　個々の学級において道徳科の学習指導案を立案するよりどころとなる。道徳科の授業は年間指導計画に基づいて実施することが基本であり、個々の学級の児童の実態に合わせて、年間指導計画における主題の構想を具体化し、学習指導案を具体的に考える際のよりどころとなる。

(3)　学級相互、学年相互の教師間の研修などの手掛かりとなる。年間指

第4章　道徳科の指導

導計画を踏まえて授業前に指導方法を検討したり、情報を交換したり、授業を実際に参観し合ったりするときの基本的な情報として生かすことができる。

2．「道徳科の年間指導計画」の内容

　年間指導計画は、各学校において道徳科の授業を計画的、発展的に行うための指針となるものであり、各学校が創意工夫をして作成するものであるが、上記の意義に基づいて、特に次の内容を明記しておくことが必要である。

⑴　各学年の基本方針

　全体計画に示されている道徳教育の目標に基づき、道徳科における指導について学年ごとの基本方針を具体的に示す。

⑵　各学年の年間にわたる指導の概要

　①　指導の時期・学年ごとの実施予定の時期を記載する。

　②　主　題・・・ねらいと教材で構成した主題を、授業の内容が概観できるように端的に表したものを記述する。

　③　ねらい・・・道徳科の内容項目を基に、ねらいとする道徳的価値や道徳性の様相を端的に表したものを記述する。

　④　教　材・・・教科用図書やその他、授業において用いる副読本等の中から、指導で用いる教材の題名を記述する。なお、その出典等を併記する。

　⑤　主題構成の理由・・・

　　　　　　　　ねらいを達成するために教材を選定した理由を簡潔に示す。

156

第7節　指導計画の取り扱いと配慮事項

⑥　学習指導過程と指導の方法・・・

　　　　　　ねらいを踏まえて、教材をどのように活用し、どの
　　　　　　ような学習指導過程や指導方法で学習を進めるのか
　　　　　　について簡潔に示す。

⑦　他の教育活動等における道徳教育との関連・・・

　　　　　　他の教育活動において授業で取り上げる道徳的価値
　　　　　　に関わってどのような指導が行われるのか、日常の
　　　　　　学級経営においてどのような配慮がなされるのかな
　　　　　　どを示す。

⑧　その他・・・例えば、校長や教頭などの参加、他の教師の協力的
　　　　　　な指導の計画、保護者や地域の人々の参加・協力の
　　　　　　計画、複数の時間取り上げる内容項目の場合は各時
　　　　　　間の相互の指導の関連などの構想、年間指導計画の
　　　　　　改善に関わる事項を記述する備考欄などを示すこと
　　　　　　が考えられる。

⑨　特に・・・・道徳科の指導の時期、主題名、ねらい及び教材を一
　　　　　　覧にした配列表だけでは年間指導計画としては機能
　　　　　　しにくい。そのような一覧表を示す場合においても、
　　　　　　学習指導過程等を含むものなど、各時間の指導の概
　　　　　　要が分かるようなものを加えることが求められる。

３．「道徳科年間指導計画」作成上の創意工夫と留意点

⑴　主題の設定と配列を工夫する

　　ねらいと教材で構成する主題の設定においては、特に主題に関わる
道徳教育の状況、それに伴う児童の実態などを考慮する。

　　まず、ねらいとしては、道徳的価値の理解に基づいて自己を見つめ

157

第4章　道徳科の指導

るための根源的なものを押さえておく必要がある。また、教材は、ねらいとの関連において児童が自分との関わりで考えることができるものを適切に選択する。さらに、主題の配列に当たっては、主題の性格、他の教育活動との関連、季節的変化などを十分に考慮することが望まれる。

⑵　計画的、発展的な指導ができるように工夫する

　　内容項目相互の関連性や、学年段階ごとの発展性を考慮して、6年間を見通した計画的、発展的な指導が行えるよう心掛ける。また、児童が進学する中学校における道徳科との関連を図るよう工夫することも望まれる。

⑶　重点的指導ができるように工夫する

　　各学年段階の内容項目の指導については、児童や学校の実態に応じて重点的指導を工夫し、内容項目全体の効果的な指導が行えるよう配慮する必要がある。その場合には、学校が重点的に指導しようとする内容項目の指導時間数を増やし、一定の期間をおいて繰り返し取り上げる、何回かに分けて指導するなどの配列を工夫したり、内容項目によっては、ねらいや教材の質的な深まりを図ったり、問題解決的な学習など、多様な指導方法を用いたりするなどの工夫が考えられる。

⑷　各教科等、体験活動等との関連的指導を工夫する

　　年間にわたって位置付けた主題については、各教科等との関連を図ることで指導の効果が高められる場合は、指導の内容及び時期を配慮して年間指導計画に位置付けるなど、具体的な関連の見通しをもつことができるようにする。また、集団宿泊活動やボランティア活動、自

158

第7節　指導計画の取り扱いと配慮事項

然体験活動などの道徳性を養うための体験活動と道徳科の指導の時期
や内容との関連を考慮し、道徳的価値の理解を基に自己を見つめるな
どの指導の工夫を図ることも大切である。

(5)　複数時間の関連を図った指導を取り入れる

　道徳科においては、一つの主題を１単位時間で取り扱うことが一般
的であるが、内容によっては複数の時間の関連を図った指導の工夫な
どを計画的に位置付けて行うことも考えられる。例えば、一つの主題
を２単位時間にわたって指導し、道徳的価値の理解に基づいて自己を
見つめる学習を充実させる方法、重点的な指導を行う内容を複数の教
材による指導と関連させて進める方法など、様々な方法が考えられる。
ただ、「教材の分量が多く、授業時間が足りない」など安易に行うこ
とは慎みたい。

(6)　特に必要な場合には他学年段階の内容を加える

　道徳科の内容が学年段階ごとに児童の発達の段階等を踏まえて示さ
れている意義を理解し、全体にわたる効果的な指導を工夫することを
基本とする。なお、特に必要な場合には、当該学年の内容の指導を行
った上で学校の特色や実態、課題などに応じて他学年段階の内容を加
えることができる。

(7)　計画の弾力的な取扱いについて配慮する

　年間指導計画は、学校の教育計画として意図的、計画的に作成され
たものであり、指導者の恣意による不用意な変更や修正が行われるべ
きではない。変更や修正を行う場合は、児童の道徳性を養うという観
点から考えて、より大きな効果を期待できるという判断を前提として、

第4章　道徳科の指導

学年などによる検討を経て校長の了解を得ることが必要である。

　そして、変更した理由を備考欄などに記入し、今後の検討課題にすることが大切である。なお、年間指導計画の弾力的な取扱いについては、次のような場合が考えられる。

① 　時期、時数の変更・・児童の実態などに即して、指導の時期、時数を変更することが考えられる。しかし、指導者の恣意による変更や、あらかじめ年間指導計画の一部を空白にしておくことは、指導計画の在り方から考えて、避けなければならない。

② 　ねらいの変更・・年間指導計画に予定されている主題のねらいを一部変更することが考えられる。ねらいの変更は、年間指導計画の全体構想の上に立ち、協議を経て行うことが大切である。

③ 　教材の変更・・主題ごとに主に用いる教材は、ねらいを達成するために中心的な役割を担うものであり、安易に変更することは避けなければならない。変更する場合は、そのことによって一層効果が期待できるという判断を前提とし、少なくとも同一学年の他の教師や道徳教育推進教師と話し合った上で、校長の了解を得て変更することが望ましい。

④ 　学習指導過程、指導方法の変更・・学習指導過程や指導方法については、児童や学級の実態などに応じて適切な方法を開発する姿勢が大切である。しかし、基本的な学習指導過程についての共通理解は大切なことであり、変更する場合は、それらの工夫や成果を校内研修会などで発表するなど意見の交換を積極的に行うことが望まれる。

(8) **年間指導計画の評価と改善を計画的に行うようにする**

　年間指導計画に基づく授業が一層効果的に行われるためには、授業

実施の反省に基づき、上記により生じた検討課題を踏まえながら、全教師の共通理解の下に、年間指導計画の評価と改善を行うことが必要である。そのためには、日常から実施上の課題を備考欄に記入したり、検討したりするための資料を収集することにも心掛けることが大切である。

第8節　道徳科の指導における教師の配慮事項

1.「道徳教育推進教師」を中心とした指導体制

　道徳科は、主として学級の児童を周到に理解している学級担任が計画的に進めるものであるが、全教師が協力し合う指導体制を充実することも大切になる。

(1)　協力的な指導などについての工夫

　　○　校長や教頭などの参加による指導

　　○　他の教職員とのティーム・ティーチングなどの協力的な指導

　　○　校長をはじめとする管理職や他の教員が自分の得意分野を生かした指導

　　など、学校の教職員が協力して指導に当たることができるような年間指導計画を工夫することなどを、学校としての方針の下に道徳教育推進教師が中心となって進めることが大切である。

　　○　道徳科の授業を実施しやすい環境を整える。

　　　校長の方針の下に、道徳科で用いる教材や図書の準備、掲示物の充実、教材コーナーなどの整備などを教員で分担して進められるように道徳教育推進教師が呼び掛けをしたり、具体的な作業の場を設定したりすることが考えられる。

　　○　小学校・中学校間の滑らかな接続を意識した取組。

第4章　道徳科の指導

　　近隣の中学校と連携し、例えば、互いに道徳科の授業参観をして
　学び合い、意見交換を行ったり、授業に参加したりすることも考え
　られる。
　　これらの推進を道徳教育推進教師が行うことで、計画的な学び合い
　の場の設定や授業の質の高まりが期待できる。これらのほかにも、授
　業を実施する上での悩みを抱えた教師の相談役になったり、情報提供
　をしたりして援助することや、道徳科に関する授業研修の実施、道徳
　科の授業公開や情報発信などを、道徳教育推進教師が中心となって協
　力して進めることが考えられる。

(2)　**指導体制の充実と道徳科**
　　利点や効果について簡潔に記す。
　○　学校としての年間指導計画に基づいて計画的、発展的に行われる
　　ものであることを、全教師が考慮しながら進めることができる。
　○　教師相互の学習指導過程や指導方法等学び合いが促され、道徳科
　　の特質の理解の深まりや授業の質の向上につながる。
　○道徳科の指導の充実が、学校全体で進める道徳教育を一層充実させ
　　る力となる。
　○道徳科の推進に関わる教材や協力を依頼する保護者、地域等の人材
　　の情報が学校として組織的に集約され、それらを活用してねらいに
　　即した効果的な授業が一層計画的に実施されることにつながる。

２．道徳科の特質を生かした計画的・発展的な指導

(1)　**計画的、発展的な指導**
　　道徳科の大きな特徴は、<u>学校の教育活動全体を通じて行う道徳教育</u>
　<u>との関連を明確にして</u>、児童の発達の段階に即しながら、「第3章　特

第8節　道徳科の指導における教師の配慮事項

別の教科　道徳」の「第2　内容」に示された道徳的諸価値に含まれた内容を全体にわたって計画的、発展的に指導するところにある。そのためには、学校が、地域や学校の実態及び児童の発達の段階や特性等を考慮し、教師の創意工夫を加えて、「第2　内容」の全てについて確実に指導することができる見通しのある年間指導計画を作成する必要がある。

(2)　学校の教育活動全体を通じて行う道徳教育の要としての道徳科

　　各教科等で行う道徳教育としては取り扱う機会が十分でない内容項目に関わる指導を補う補充や、児童や学校の実態等を踏まえて指導をより一層深める深化、内容項目の相互の関連を捉え直したり発展させたりする統合の役割を担っているのである。

【補充（補う）】児童は、学校の諸活動の中で多様な道徳的価値について感じたり考えたりするが、各教科等においてもその特質があるために、その全てについて考える機会があるとは限らない。道徳科は、このように学校の諸活動で考える機会を得られにくい道徳的価値などについて補う役割がある。

【深化（深める）】児童は、各教科においてそれぞれの特質に応じて道徳性を養うための学習を行うが、各教科等の指導には各教科等特有のねらいがあることから、その中では道徳的価値の意味などについて必ずしもじっくりと考え、深めることができているとは限らない。道徳科は、このように道徳的価値の意味やそれと自己との関わりについて一層考えを深める役割を担っている。

【統合（発展）】さらに、各教科等における道徳教育の中で多様な体験をしていたとしても、それぞれがもつ道徳的価値の相互の関連や、

第4章　道徳科の指導

　　自己との関わりにおいての全体的なつながりなどについて考えない
　まま過ごしてしまうことがある。道徳科は、道徳的価値に関わる諸
　事象を、捉え直したり発展させたりして、児童に新たな感じ方や考
　え方を生み出すという統合としての役割もある。

３．児童が主体的に道徳性を養うための指導

(1)　自らの成長を実感したり、これからの課題や目標を見付けたりする

　　理解した道徳的価値から自分の生活を振り返り、自らの成長を実感
　したり、これからの課題や目標を見付けたりすることが望まれる。

　　そのため、道徳的価値や児童自身の生活について多様な観点から捉
　え直し、自らが納得できる考えを導き出す上で効果的な教材を選択し
　たり、その教材の特質を生かすとともに、一人一人が意欲的で主体的
　に取り組むことができる表現活動や話合い活動を仕組んだり、学んだ
　道徳的価値に照らして、自らの生活や考えを見つめるための具体的な
　振り返り活動を工夫したりすることが必要である。

(2)　道徳科における児童の主体的な学習

　　学習指導においては、児童自らが主体的に学ぶための教師の創意工
　夫が求められる。道徳科の授業では、教師が特定の価値観を児童に押
　し付けたり、児童が指示通りに主体性をもたず言われるままに行動す
　るよう指導したりすることは、目指す方向の対極にあるものである。
　また、多様な価値観の、時に対立がある場合を含めて、人間としてよ
　りよく生きるために道徳的価値に向き合い、いかに生きるべきかを自
　ら考え続ける姿勢が求められるのである。

第8節　道徳科の指導における教師の配慮事項

４．多様な考え方を生かすための言語活動

(1)　道徳科における言葉

　　道徳科における言葉の役割は極めて大きい。国語科では言葉に関わ
る基本的な能力が培われるが、道徳科は、このような能力を基本に、
教材や体験などから考えたこと、感じたことをまとめ、発表し合った
り、話合いなどにより異なる考え方、感じ方に接し、協同的に議論し
たりする。

　　例えば、教材の内容や登場人物の気持ちや行為の動機などを自分と
の関わりで考える。友達の考えを聞いたり、自分の考えを伝えたり、
話し合ったり、書いたりする。さらに、学校内外での様々な体験を通
して考え、感じたことを、道徳科の学習で言葉を用いて表現する。こ
れらの中で、言葉の能力が生かされるとともに、道徳的価値の理解な
どが一層効果的に図られていく。

(2)　自分の考えを基に表現する機会の充実

　　話合いは、道徳科に最もよく用いられる指導方法である。

①　児童の考えを深め、判断し、表現する力などを育む

　　児童の考えを深め、判断し、表現する力などを育むためには、児
童が多様な考え方や感じ方に接することができるように、何につい
て考えるのかを指導者が明確に示す必要がある。そのためには、指
導者自身が、児童観を明確にして、教材の構造やそこに含まれる道
徳的価値を深く理解し、さらに、児童の発達の段階や実態を考慮に
入れ、児童一人一人が道徳的価値について自分の考えをもつことが
できるようにすることが大切である。

165

第4章　道徳科の指導

② 自分の考えを基に書いたり話し合ったりする

　自分の考えを基に書いたり話し合ったりできるようにするために
は、話合いの一定のルールなどを身に付けさせることは必要である
が、日頃から何でも言い合え、認め合える学級の雰囲気をつくると
ともに、教師が受容的な姿勢をもつことが大切である。また、自分
とは異なった考えに接する中で自分の考え方や感じ方が明確になる
など、学習が深まるということを、日頃の経験を通して実感させる
ように努めることが求められる。

　書くことも重要である。児童にとって書くことは考えることであ
るとも言える。また、そのことによって、それまで曖昧であった自
分の考えが整理されたり、日頃は意識していない体験や自分自身の
状況を想起したりする。

(3)　**道徳科に生かす言語活動**

① 児童が問題意識をもち、意欲的に考え、主体的に話し合うことが
できるよう、ねらい、児童の実態、教材や学習指導過程などに応じ
て、発問、話合い、書く活動、表現活動などを工夫する。

② 教材や体験などから感じたこと、考えたことをまとめ、発表し合
ったり、話合いなどにより異なる考えに接し、多面的・多角的に考
え、協同的に議論したりするなどの工夫をする。

③ 道徳的諸価値に関わる様々な課題について議論を行い自分との関
わりで考察できるような工夫をする。

５．問題解決的な学習など多様な方法を取り入れた指導

(1)　**問題解決的な学習の工夫**

　道徳科における問題とは道徳的価値に根差した問題であり、単なる

第8節　道徳科の指導における教師の配慮事項

日常生活の諸事象とは異なる。道徳科における問題解決的な学習とは、ねらいとする道徳的諸価値について自己を見つめ、これからの生き方に生かしていくことを見通しながら、実現するための問題を見付け、どうしてそのような問題が生まれるのかを調べたり、他者の考え方や感じ方を確かめたりと物事を多面的・多角的に考えながら課題解決に向けて話し合うことである。そして、最終的には児童一人一人が道徳的諸価値のよさを理解し、自分との関わりで道徳的価値を捉え、道徳的価値を自分なりに発展させていくことへの思いや課題が培われるようにすることである。

　児童が問題意識をもって学習に臨み、ねらいとする道徳的価値を追求し、多様な考え方や感じ方によって学ぶことができるようにするためには、指導方法の工夫が大切である。例えば、・主題に対する児童の興味や関心を高める導入の工夫、・他者の考えと比べ自分の考えを深める展開の工夫、・主題を自分との関わりで捉え自己を見つめ直し、発展させていくことへの希望がもてるような終末の工夫などがある。また、教師の発問の仕方の工夫などが重要である。さらに、話合いでは学習形態を工夫することもでき、一斉による学習だけでなく、ペアや少人数グループなどでの学習も有効である。

(2)　道徳的行為に関する体験的な学習等を取り入れる工夫

　道徳的諸価値を理解したり、自分との関わりで多面的、多角的に考えたりするためには、例えば、実際に挨拶や丁寧な言葉遣いなど具体的な道徳的行為をして、礼儀のよさや作法の難しさなどを考えたり、相手に思いやりのある言葉を掛けたり、手助けをして親切についての考えを深めたりするような道徳的行為に関する体験的な学習を取り入れることが考えられる。

167

第4章　道徳科の指導

　さらに、読み物教材等を活用した場合には、その教材に登場する人物等の言動を即興的に演技して考える役割演技など疑似体験的な表現活動を取り入れた学習も考えられる。これらの方法を活用する場合は、単に体験的行為や活動そのものを目的として行うのではなく、授業の中に適切に取り入れ、体験的行為や活動を通じて学んだ内容から道徳的価値の意義などについて考えを深めるようにすることが重要である。

(3)　特別活動等の多様な実践活動等を生かす工夫

　特別活動において、道徳的価値を意図した実践活動や体験活動が計画的に行われている場合は、そこでの児童の体験を基に道徳科において考えを深めることが有効である。学校が計画的に実施する体験活動は、児童が共有することができ、学級の全児童が共通の関心などをもとに問題意識を高めて学習に取り組むことが可能になるため、それぞれの指導相互の効果を高めることが期待できる。

6．情報モラルと現代的な課題に関する指導

(1)　情報モラルに関する指導

①　情報モラルと道徳の内容

　情報モラルは情報社会で適正な活動を行うための基になる考え方と態度と捉えることができる。

　内容としては、・情報社会の倫理、・法の理解と遵守、・安全への知恵、・情報セキュリティ、・公共的なネットワークがあるが、道徳科においては、特に、情報社会の倫理、法の理解と遵守といった内容を中心に取り扱うことが考えられる。

第8節　道徳科の指導における教師の配慮事項

② 情報モラルへの配慮と道徳科

　情報モラルに関する指導について、道徳科では、その特質を生か
した指導の中での配慮が求められる。道徳科は道徳的価値に関わる
学習を行う特質があることを踏まえた上で、指導に際しては、情報
モラルに関わる題材を生かして話合いを深めたり、コンピュータに
よる疑似体験を授業の一部に取り入れたりするなど、創意ある多様
な工夫が生み出されることが期待される。

　なお、道徳科は、道徳的価値の理解を基に自己を見つめる時間で
あるとの特質を踏まえ、例えば、情報機器の使い方やインターネッ
トの操作、危機回避の方法やその際の行動の具体的な練習を行うこ
とにその主眼を置くのではないことに留意する必要がある。

(2) **現代的な課題の扱い**

　児童には、発達の段階に応じて現代的な課題を身近な問題と結びつ
けて、自分との関わりで考えられるようにすることが求められる。現
代社会を生きる上での課題を扱う場合には、問題解決的な学習を行っ
たり話合いを深めたりするなどの指導方法を工夫し、課題を自分との
関係で捉え、その解決に向けて考え続けようとする意欲や態度を育て
ることが大切である。例えば、食育、健康教育、消費者教育、防災教
育、福祉に関する教育、法教育、社会参画に関する教育、伝統文化教
育、国際理解教育、キャリア教育など、学校の特色を生かして取り組
んでいる現代的な教育課題については、各教科、外国語活動、総合的
な学習の時間及び特別活動における学習と関連付け、それらの教育課
題を主題とした教材を活用するなどして、様々な道徳的価値の視点で
学習を深めたり、児童自身がこれらの学習を発展させたりして、人と
してよりよく生きる上で大切なものとは何か、自分はどのように生き

169

第4章　道徳科の指導

ていくべきかなどについて、考えを深めていくことができるような取り組みが求められる。また、例えば、持続可能な発展を巡っては、環境、貧困、人権、平和、開発といった様々な問題があり、これらの問題は、生命や人権、自然環境保全、公正・公平、社会正義、国際親善など様々な道徳的価値に関わる葛藤がある。

　安易に結論を出させたり、特定の見方や考え方に偏って指導を行ったりすることのないよう留意し、児童が自分と異なる考えや立場についても理解を深められるよう配慮しなければならない。

7．家庭や地域社会との連携による指導

⑴　道徳科の授業を公開する

　道徳科は全教育活動を通じて行う道徳教育の要であり、その授業を公開することは、学校における道徳教育への理解と協力を家庭や地域から得るためにも、極めて大切である。

　実施の方法としては、通常の授業参観の形で行う方法、保護者会等の機会に合わせて行う方法、授業を参観した後に講演会や協議会を開催する方法などが考えられる。また、保護者が児童と同じように授業を受ける形で参加したり、児童と対話したり、児童のグループ別による話合いに加わり意見交換をしたりするような形式の工夫は、共通理解を一層深めることが期待できる。

⑵　道徳科の授業への積極的な参加や協力を得る工夫

①　授業の実施への保護者の協力を得る

　保護者は児童の養育に直接関わる立場であり、その協力を得た授業の工夫が考えられる。上記のように、授業に児童と同じ立場で参加してもらうことのほかに、授業前に、アンケートや児童への手紙

170

第8節　道徳科の指導における教師の配慮事項

等の協力を得たり、事後の指導に関して依頼したりするなどの方法
も考えられる。

②　授業の実施への地域の人々や団体等外部人材の協力を得る

　　地域の人々や社会で活躍する人々に授業の実施への協力を得ることも効果的である。例えば特技や専門知識を生かした話題や児童へのメッセージを語る講師として協力を得る方法がある。青少年団体等の関係者、福祉関係者、自然活動関係者、スポーツ関係者、伝統文化の継承者、国際理解活動の関係者、企業関係者、ＮＰＯ法人を運営する人などを授業の講師として招き、実体験に基づいて分かりやすく語ってもらう機会を設けることは効果的である。

③　地域教材の開発や活用への協力を得る

　　地域の先人、地域に根付く伝統と文化、行事、民話や伝説、歴史、産業、自然や風土などを題材とした地域教材などを開発する場合に、地域でそれらに関することに従事する人や造詣が深い人などに協力を得ることが考えられる。教材の開発だけでなく、授業でそれを活用する場合にも、例えば、教材を提示するときに協力を得る、話合いを深めるために解説や実演をしてもらう、児童の質問に回答してもらうなどの工夫が考えられる。

（小学校学習指導要領解説「特別の教科　道徳編」より引用・構成、下線部は筆者による）

第5章　学習指導案の書き方

第1節　道徳科の一般的な学習指導過程

1．道徳科の学習指導案

(1)　道徳科の学習指導案の内容

(ア)　主題名：原則として年間指導計画における主題名を記述する。

(イ)　ねらいと教材：年間指導計画を踏まえてねらいを記述するとともに教材名を記述する

(ウ)　主題設定の理由：年間指導計画における主題構成の背景などを再確認するとともに、①ねらいや指導内容についての教師の捉え方、②それに関連する児童のこれまでの学習状況や実態と教師の願い、③使用する教材の特質やそれを生かす具体的な活用方法などを記述する。記述に当たっては、児童の肯定的な面やそれを更に伸ばしていこうとする観点からの積極的な捉え方を心掛けるようにする。

(エ)　学習指導過程：ねらいに含まれる道徳的価値について、児童が道徳的価値についての理解を基に、自己を見つめ、物事を多面的・多角的に考え、自己の生き方についての考えを深めることができるようにするための教師の指導と児童の学習の手順を示すものである。

173

第5章　学習指導案の書き方

　　一般的には、学習指導過程を導入、展開、終末の各段階に区分し、
児童の学習活動、主な発問と予想される児童の発言、指導上の留意
点、指導の方法、評価の観点などを指導の流れに即して記述するこ
とが多い。

(オ)　その他：例えば、他の教育活動などとの関連、評価の観点、教材
　　分析、板書計画、校長や教頭などの参加、他の教師との協力的な指
　　導、保護者や地域の人々の参加や協力など、授業が円滑に進められ
　　るよう必要な事柄を記述する。

(2)　**学習指導案作成の主な手順**

　　学習指導案の作成の手順は、それぞれの状況に応じて異なるが、お
おむね次のようなことが考えられる。

(ア)　ねらいを検討する：指導の内容や教師の指導の意図を明らかにす
　　る。

(イ)　指導の重点を明確にする：ねらいに関する児童の実態と、それを
　　踏まえた教師の願いを明らかにし、各教科等での指導との関連を検
　　討して、指導の要点を明確にする。

(ウ)　教材を吟味する：教科用図書や副読本等の教材について、授業者
　　が児童に考えさせたい道徳的価値に関わる事項がどのように含まれ
　　ているかを検討する。

(エ)　学習指導過程を構想する：ねらい、児童の実態、教材の内容など
　　を基に、授業の展開について考える。その際、児童がどのような問
　　題意識をもって学習に臨み、ねらいとする道徳的価値を理解し、自
　　己を見つめ、多様な感じ方や考え方によって学び合うことができる
　　のかを具体的に予想しながら、それらが効果的になされるための授
　　業全体の展開を構想する。また、<u>学習指導過程の構想に当たっては、</u>

174

第1節　道徳科の一般的な学習指導過程

指導の流れ自体が、特定の価値観を児童に教え込むような展開となることのないよう、児童が道徳的価値に関わる事象を主体的に考え、また、児童同士の話合いを通してよりよい生き方を導き出していくというような展開も効果的である。

(3)　学習指導案作成上の創意工夫

学習指導案の作成に当たっては、これらの手順を基本としながらも、さらに、児童の実態、指導の内容や意図等に応じて工夫していくことが求められる。特に、重点的な指導や体験活動を生かす指導、複数時間にわたる指導、多様な教材の活用、校長や教頭などの参加、他の教師との協力的な指導、保護者や地域の人々の参加や協力などの工夫が求められることから、多様な学習指導案を創意工夫していくことが求められる。学習指導案は、誰が見てもよく分かるように形式や記述を工夫するとともに、研修等を通じてよりよいものへと改善し、次回の指導に生かせるように学校として蓄積していくことも大切である。

2．道徳科の特質を生かした学習指導

道徳科の指導においては、児童一人一人が道徳的価値についての理解を基に、自己を見つめ、物事を多面的・多角的に考え、自己の生き方についての考えを深めることで道徳性を養うという特質を十分考慮し、それに応じた学習指導過程や指導方法を工夫することが大切である。

一般的には以下のように、導入、展開、終末の各段階を設定することが広く行われている。

(1)　導入の工夫

導入は、主題に対する児童の興味や関心を高め、ねらいの根底にあ

第5章　学習指導案の書き方

る道徳的価値の理解を基に自己を見つめる動機付けを図る段階である。

具体的には、

● 本時の主題に関わる問題意識をもたせる導入、

● 教材の内容に興味や関心をもたせる導入

（上記二つをミックスした導入、学習への雰囲気づくりの導入）

などが考えられる。

⑵　**展開の工夫**

展開は、ねらいを達成するための中心となる段階であり、中心的な教材によって、児童一人一人が、ねらいの根底にある道徳的価値の理解を基に自己を見つめる段階であると言われる。

具体的には、児童の実態と教材の特質を押さえた発問などをしながら進めていく。

そこでは、

● 教材に描かれている道徳的価値に対する児童一人一人の考え方や感じ方を生かしたり、

●物事を多面的・多角的に考えたり、

●児童が自分との関わりで道徳的価値を理解したり、

自己を見つめるなどの学習が深まるよう留意する。

児童がどのような問題意識をもち、どのようなことを中心にして自分との関わりで考えを深めていくのかについて主題が明瞭となった学習を心掛ける。

⑶　**終末の工夫**

終末は、ねらいの根底にある道徳的価値に対する思いや考えをまと

176

めたり、道徳的価値を実現することのよさや難しさなどを確認したり
して、今後の発展につなぐ段階であると言われる。

この段階では、

● 学習を通して考えたことや新たに分かったことを確かめたり、

● 学んだことを更に深く心にとどめたり、

● これからへの思いや課題について考えたりする学習活動

などが考えられる。

第2節　取り上げられる事項

道徳科に生かす指導方法には多様なものがある。ねらいを達成するに
は、児童の感性や知的な興味などに訴え、児童が問題意識をもち、主体
的に考え、話し合うことができるように、ねらい、児童の実態、教材や
学習指導過程などに応じて、最も適切な指導方法を選択し、工夫して生
かしていくことが必要である。そのためには、教師自らが多様な指導方
法を理解したり、コンピュータを含む多様な機器の活用方法などを身に
付けたりしておくとともに、児童の発達の段階などを捉え、指導方法を
吟味した上で生かすことが重要である。

指導方法の工夫の例としては、次のようなものが挙げられる。

1．教材を提示する工夫

教材を提示する方法としては、読み物教材の場合、教師による読み聞
かせが一般に行われている。その際、例えば、

● 紙芝居の形で提示、

● 影絵、人形やペープサートなどを生かして劇のように提示、

● 音声や音楽の効果を生かしたりする

工夫などが考えられる。また、

第5章 学習指導案の書き方

● ビデオなどの映像も、

　提示する内容を事前に吟味した上で生かすことによって効果が高められる。なお、多くの情報を提示することが必ずしも効果的だとは言えず、精選した情報の提示が想像を膨らませ、思考を深める上で効果的な場合もあることに留意する。

２．発問の工夫

　教師による発問は、児童が自分との関わりで道徳的価値を理解したり、自己を見つめたり、物事を多面的・多角的に考えたりするための思考や話合いを深める上で重要である。発問によって児童の問題意識や疑問などが生み出され、多様な感じ方や考え方が引き出される。

　そのためにも、

● 考える必然性や切実感のある発問、

● 自由な思考を促す発問、

● 物事を多面的・多角的に考えたりする発問

などを心掛けることが大切である。

発問を構成する場合には、

★ 授業のねらいに深く関わる中心的な発問をまず考え、

★ 次にそれを生かすためにその前後の発問を考え、全体を一体的に捉えるようにする

という手順が有効な場合が多い。

３．話合いの工夫

　話合いは、児童相互の考えを深める中心的な学習活動であり、道徳科においても重要な役割を果たす。

● 考えを出し合う、まとめる、比較するなどの目的に応じて効果的

178

第2節　取り上げられる事項

に話合いが行われるよう工夫する。

● 座席の配置を工夫したり、討議形式で進めたり、ペアでの対話や
グループによる話合いを取り入れたりする

などの工夫も望まれる。

4．書く活動の工夫

　書く活動は、児童が自ら考えを深めたり、整理したりする機会として、
重要な役割をもつ。この活動は必要な時間を確保することで、児童が自
分自身とじっくりと向き合うことができる。また、学習の個別化を図り、
児童の考え方や感じ方を捉え、個別指導を行う重要な機会にもなる。さ
らに、一冊のノートなどを活用することによって、児童の学習を継続的
に深めていくことができ、児童の成長の記録として活用したり、評価に
生かしたりすることもできる。

5．動作化、役割演技など表現活動の工夫

　児童が表現する活動の方法としては、●発表したり書いたりすること
のほかに、

● 児童に特定の役割を与えて即興的に演技する役割演技の工夫、

● 動きや言葉を模倣して理解を深める動作化の工夫、

● 音楽、所作、その場に応じた身のこなし、表情などで自分の考え
を表現する工夫

などがよく試みられる。

また、

● 実際の場面の追体験や道徳的行為などをしてみることも方法とし
て考えられる。

179

第5章　学習指導案の書き方

6．板書を生かす工夫

　道徳科では黒板を生かして話合いを行うことが多く、板書は児童にとって思考を深める重要な手掛かりとなり、教師の伝えたい内容を示したり、学習の順序や構造を示したりするなど、多様な機能をもっている。

　板書の機能を生かすために重要なことは、思考の流れや順序を示すような順接的な板書だけでなく、●教師が明確な意図をもって対比的、構造的に示したり、●中心部分を浮き立たせたりするなどの工夫をすることが大切である。

7．説話の工夫

　説話とは、教師の体験や願い、様々な事象についての所感などを語ったり、日常の生活問題、新聞、雑誌、テレビなどで取り上げられた問題などを盛り込んで話したりすることであり、児童がねらいの根底にある道徳的価値をより身近に考えられるようにするものである。教師が意図をもってまとまった話をすることは、児童が思考を一層深めたり、考えを整理したりするのに効果的である。

　教師が自らを語ることによって児童との信頼関係が増すとともに、教師の人間性が表れる説話は、児童の心情に訴え、深い感銘を与えることができる。なお、児童への叱責、訓戒や行為、考え方の押し付けにならないよう注意する必要がある。

　（小学校学習指導要領「特別の教科　道徳編」より引用・構成、下線部は筆者による）

第6章　道徳科の評価

道徳教育における評価の意義

　学校が教育活動として意図的・計画的に指導する以上、児童生徒の学習状況等を把握し指導に生かすことは必要不可欠なことである。これまでも道徳教育における評価は、学習指導要領解説道徳編において「児童（生徒）の道徳性については、常にその実態を把握して指導に生かすよう努める必要がある。ただし、道徳の時間に関して数値などによる評価は行わないものとする。」と示されている。

　このことは、道徳性は人格の全体に関わるものであり、数値などによって不用意に評価してはならないことを特に明記したものである。つまり、道徳教育は道徳の授業の中だけで行われるものではなく、学校教育全体の中で児童生徒の具体的な生活状況を把握したうえで、その状況から道徳性の育成がどの程度行われているのかを評価しなければならないという点が、各教科との違いである。この意味において、数値による評価はふさわしくないといえる。

　今回の改訂による道徳教育は「特別の教科　道徳」（道徳科）として、新たにスタートするが、「道徳科」においてもこれまでの道徳教育と同様に、道徳科を要として学校教育全体を通じて行うものとしての役割を

第6章　道徳科の評価

引き継いでいる。小（中）学校学習指導要領「第3章　特別の教科　道徳」の第3の4において、

　児童（生徒）の学習状況や道徳性に係る成長の様子を継続的に把握し、指導に生かすよう努める必要がある。ただし、数値などによる評価は行わないものとする。

と示している。これまでの考え方と同じであるが、今回の改訂では、「学習状況」という文言が追加された。児童生徒の学習状況は、教師の指導によって変わるものであり、その把握と評価は、教師が確かな指導観をもち、1単位時間の授業で期待する児童生徒の学習を明確にする必要がある。

　つまり、道徳性を養う道徳教育の要である道徳科の授業を改善していくことが、これまで以上に求められている。したがって、道徳科では、それぞれの指導のねらいとの関わりにおいて児童生徒の学習状況や成長の様子を様々な方法で捉えて、その状況を児童生徒に確かめさせたり、教師自らの指導を評価したりするなど、常に指導方法の改善に努めることが大切である。

児童（生徒）の具体的な評価の在り方

平成27年度に文部科学省において次のように示されている。

● 数値による評価ではなく、記述式であること。

● 他の児童（生徒）との比較による相対評価ではなく、児童（生徒）がいかに成長したかを積極的に受け止め、励ます個人内評価として行うこと。

● 他の児童（生徒）と比較して優劣を決めるような評価はなじま

いことに留意する必要があること。

● 個々の内容項目ごとではなく、大くくりなまとまりを踏まえた評価を行うこと。

● 発達障害等の児童（生徒）についての配慮すべき観点等を学校や教職員間で共有すること。

つまり、児童生徒一人一人のよい点や進歩の状況、可能性など多様な側面から把握し、他者との比較ではなく、学年や学期にわたる児童生徒の成長という視点を大切にすることが重要であるといえる。

道徳性の理解と評価の視点では、明確な指導観とともに、道徳的判断力、道徳的心情、道徳的実践意欲と態度及び道徳的習慣などからどのように成長しているかを把握することが多い。

道徳的判断力については、道徳的諸価値についてどのように捉えているか、また、道徳的な判断を下す必要がある問題場面に直面した際に、児童生徒がどのように思考し判断するか等を把握する。

道徳的心情については、道徳的に望ましい感じ方・考え方や行為に対して、あるいは逆に、道徳的に望ましくない感じ方・考え方や行為に対して、児童生徒がどのような感情をもっているか等を把握する。

道徳的実践意欲と態度については、学校や家庭での生活の中で、道徳的によりよく生きようとする児童生徒の意志の表れや行動への身構えが、どれだけ芽生え、定着しつつあるか等を把握する。

また、道徳的習慣については、特に基本的な生活習慣をどの程度身に付け実践できているかを把握する。

学習状況の評価として、道徳科の授業の中で児童生徒が多面的・多角的な見方へと発展させていたことや道徳的価値の理解を自分自身との関わりの中で深めていた状況など、その成長が顕著に表れた様子などを記述方式で評価することが望ましいと考える。

第6章　道徳科の評価

評価の方法

　評価を適切に行うためには、児童生徒の学習状況や成長の様子に係る多様な資料を収集する必要がある。

　ポートフォリオ評価や道徳ノート、ワークシート（自己評価等）などを工夫することによって、自己の成長の実感や今後の課題、教師としては、児童生徒の実態や課題、成長の度合いなどを確認しながら励ましの評価も具体化できる。いずれにしても、児童生徒が道徳の学習の記録を残せるようにすることが大切である。

　さらに、以下のような取り組みも考えられる。

ア　観察や会話による方法

　　毎日の生活や学習の中で行われる方法であり、外に表れた言動からだけで判断するのではなく、態度や表情の微妙な変化からその背景にある心の動きを捉えるなど、児童生徒の内面の理解に努めることが大切である。

イ　質問紙などによる方法

　　教師があらかじめ作成した質問や児童生徒が直面すると考えられる問題場面での児童生徒の判断や心情、その理由などを回答する方法であり、児童生徒が道徳性に関して自分自身のことをどのように理解し評価しているかを共感的に理解するための資料として扱うことが大切である。

ウ　面接による方法

　　児童生徒と相対して話し合うことで、児童生徒の道徳的な感じ方、考え方、見方などを理解しようとする方法であり、児童生徒が自己の内面を語ることができるよう、日常から心の交流を通して親密な人間関係を築いておくことが大切である。

エ　作文やノートなどによる方法

184

児童生徒が日頃考えていることを知ることや学習のねらいや内容に関する児童生徒の心の動きなどをその内面から理解するための資料であり、書かれている内容の行間に込められた思いを共感的に理解することが大切である。

など効果的に活用し、資料を積み上げておく必要がある。

評価の基本的態度と留意点

道徳教育についての評価は、児童生徒の人格そのものに働きかけるものであるため、慎重かつ計画的に取り組む必要がある。教師は、児童生徒一人一人がよりよく生きようとする願いをもっていることをしっかり受け止め、心から児童生徒の成長を信じ、支援していく姿勢が大切である。

そのためにも、児童生徒との温かな人格的な触れ合いによる共感的な理解を基に、学習や日常生活において、児童生徒のよい点や努力を認めたり、励ましたりすることなどによって、自らの成長を実感し、さらに意欲的に生活していこうとするきっかけとなるような評価を目指すことが求められる。なお、道徳性は、極めて多様な児童生徒の人格全体に関わるものであることから、個人内の成長の過程を重視した個人内評価を重視することである。

道徳科における評価においては、児童生徒の道徳性が養われたか否かは、容易に判断できるものではないが、道徳性を養うことを学習活動として行う道徳科の指導では、その学習状況を適切に把握し評価することは必要なことである。先にも述べたように、教師が確かな指導観をもち、1単位時間の授業で期待する学習を明確にした指導の計画なくしては、適切な評価が行えないことを理解しておくことである。

児童生徒一人一人がそれぞれの教育活動や日常生活において、よりよ

第6章　道徳科の評価

く生きようとする自覚をもち、着実に道徳性を身に付けていることを促す働きを確かにもつとともに、教師もあらゆる機会や場を通して適切に対応しているかを振り返り、指導の改善に生かすことが特に求められる。

道徳科授業に対する評価

　評価とは、児童生徒の学習評価だけでなく教師自身の教育指導の在り方を評価していくことが求められる。児童生徒の学習状況を評価する上で欠かせないのが学習指導過程である。教師は学習指導過程を通して、児童生徒がねらいとする道徳的価値についての理解を深めているか、多面的・多角的な見方、考え方をしているか、自己を見つめ自己の生き方について考えを深めているかどうかなど、様々な方法で捉えていく必要がある。その状況から指導を振り返り、指導方法などの充実・改善に努めることが児童生徒の道徳性を養う指導につながるのである。

　このように、学習指導過程における指導と評価を一体的に捉えるようにすることが、児童生徒の学習状況の把握と評価につながるものである。学習指導過程で期待する児童生徒の学習を具体的な姿で表したものが観点となり、学習指導過程に関する評価の資料となるものは、児童生徒の学習状況である。

学習指導過程に関する評価

　道徳科の学習指導過程に関する評価の観点はそれぞれの授業によって、より具体的なものとなるが、小（中）学校学習指導要領解説特別の教科　道徳編では、その観点としては次のようなものが考えられるとして示している。

　ア　道徳科の特質を生かし、道徳的価値の理解を基に自己を見つめ、

自己（人間として）の生き方について考えを深められるよう適切
　　に構成されていたか。また、指導の手立ては適切であったか。

イ　発問は、指導の意図に基づいて的確になされていたか。発問に
　　対して児童（生徒）が多面的・多角的に考えていたか。児童（生
　　徒）の発言などを適切に指導に生かしていたか。

ウ　児童（生徒）の発言を傾聴して受け止めるとともに、発言の背
　　景を推察したり、学級全体に波及させたりしていたか。

エ　特に配慮を要する児童（生徒）に適切に対応していたか。

　さらに、道徳科授業を公開して参観した教師から指摘を受けたり、ティームティーチングの協力者などから評価を得たりするなど、他の教師からの評価を取り入れることや授業者自身が授業中のメモや写真、録画などを活用して振り返ることも有効な手立てである。

指導方法に関する評価

　指導方法は、道徳科の特質を踏まえ、その一つ一つについて指導観に基づいた意図を明確にすることが重要である。指導方法の評価の観点は、より具体的なものとなるが、観点の柱としては、次のようなものが考えられる。

ア　ねらいを達成するために適切な方法であったか。

イ　児童（生徒）の多面的・多角的な思考を促す上で適切な方法で
　　あったか。

ウ　自分との関わりで考えさせるための、教材や教具の活用は適切
　　であったか。

エ　ねらいとする道徳的価値についての理解を深めるための方法

第6章　道徳科の評価

は、児童（生徒）の実態や発達の段階にふさわしいものであった
か。

オ　児童（生徒）一人一人が、自分との関わりで考え、自己（人間）
の生き方についての考えを深められるものであったか。自発的(主
体的)に問題を考え、積極的に学習を行うような配慮がなされて
いたか。

このほか、児童（生徒）は学習活動に集中していたか、新たに学
んだことや気付いたこと、これからしようと思うことなどが生まれ
てきたかどうかなど把握することも重要である。

授業評価の留意点

　道徳科は、児童生徒の人格そのものに働きかける道徳の性格上、1単
位時間の指導だけでその成長を見取ることは極めて難しい。そのため、
児童生徒の学習状況を把握し評価することを通して、改めて学習指導過
程や指導方法などについて様々な観点から検討し、今後の指導に生かす
ようにすることが大切である。

　また、道徳科の授業の中で児童生徒が自由に自分の考え方や感じ方を
発言したり、他の児童生徒の考え方、感じ方を聞いたりするなど、互い
に認め合える学級経営の充実が欠かせない。

参考文献

⑴　小学校学習指導要領解説特別の教科　道徳編　文部科学省　平成29
年7月

⑵　中学校学習指導要領解説特別の教科　道徳編　文部科学省　平成29
年7月

小学校児童指導要録（参考様式） 〔参考１〕

様式２（指導に関する記録）

児　童　氏　名	学　校　名	区分／学年	1	2	3	4	5	6
		学　級						
		整理番号						

各　教　科　の　学　習　の　記　録

Ⅰ　観　点　別　学　習　状　況

教科	観　点　　　　　学　年	1	2	3	4	5	6
国語	国語への関心・意欲・態度						
	話す・聞く能力						
	書く能力						
	読む能力						
	言語についての知識・理解・技能						
社会	社会的事象への関心・意欲・態度						
	社会的な思考・判断・表現						
	観察・資料活用の技能						
	社会的事象についての知識・理解						
算数	算数への関心・意欲・態度						
	数学的な考え方						
	数量や図形についての技能						
	数量や図形についての知識・理解						
理科	自然事象への関心・意欲・態度						
	科学的な思考・表現						
	観察・実験の技能						
	自然事象についての知識・理解						
生活	生活への関心・意欲・態度						
	活動や体験についての思考・表現						
	身近な環境や自分についての気付き						
音楽	音楽への関心・意欲・態度						
	音楽表現の創意工夫						
	音楽表現の技能						
	鑑賞の能力						
図画工作	造形への関心・意欲・態度						
	発想や構想の能力						
	創造的な技能						
	鑑賞の能力						
家庭	家庭生活への関心・意欲・態度						
	生活を創意工夫する能力						
	生活の技能						
	家庭生活についての知識・理解						
体育	運動や健康・安全への関心・意欲・態度						
	運動や健康・安全についての思考・判断						
	運動の技能						
	健康・安全についての知識・理解						

Ⅱ　評　定

学年／教科	国語	社会	算数	理科	音楽	図画工作	家庭	体育
3								
4								
5								
6								

特　別　の　教　科　道　徳

学年	学習状況及び道徳性に係る成長の様子
1	
2	
3	
4	
5	
6	

外　国　語　活　動　の　記　録

観　点　　　学　年	5	6
コミュニケーションへの関心・意欲・態度		
外国語への慣れ親しみ		
言語や文化に関する気付き		

総　合　的　な　学　習　の　時　間　の　記　録

学年	学　習　活　動	観　点	評　価
3			
4			
5			
6			

特　別　活　動　の　記　録

内　容	観　点　　　学　年	1	2	3	4	5	6
学級活動							
児童会活動							
クラブ活動							
学校行事							

189

内容項目一覧

	小学校第1学年及び第2学年（19）	小学校第3学年及び第4学年（20）
A　主として自分自身に関すること		
善悪の判断，自律，自由と責任	(1) よいことと悪いこととの区別をし，よいと思うことを進んで行うこと。	(1) 正しいと判断したことは，自信をもって行うこと。
正直，誠実	(2) うそをついたりごまかしをしたりしないで，素直に伸び伸びと生活すること。	(2) 過ちは素直に改め，正直に明るい心で生活すること。
節度，節制	(3) 健康や安全に気を付け，物や金銭を大切にし，身の回りを整え，わがままをしないで，規則正しい生活をすること。	(3) 自分でできることは自分でやり，安全に気を付け，よく考えて行動し，節度のある生活をすること。
個性の伸長	(4) 自分の特徴に気付くこと。	(4) 自分の特徴に気付き，長所を伸ばすこと。
希望と勇気，努力と強い意志	(5) 自分のやるべき勉強や仕事をしっかりと行うこと。	(5) 自分でやろうと決めた目標に向かって，強い意志をもち，粘り強くやり抜くこと。
真理の探究		
B　主として人との関わりに関すること		
親切，思いやり	(6) 身近にいる人に温かい心で接し，親切にすること。	(6) 相手のことを思いやり，進んで親切にすること。
感謝	(7) 家族など日頃世話になっている人々に感謝すること。	(7) 家族など生活を支えてくれている人々や現在の生活を築いてくれた高齢者に，尊敬と感謝の気持ちをもって接すること。
礼儀	(8) 気持ちのよい挨拶，言葉遣い，動作などに心掛けて，明るく接すること。	(8) 礼儀の大切さを知り，誰に対しても真心をもって接すること。
友情，信頼	(9) 友達と仲よくし，助け合うこと。	(9) 友達と互いに理解し，信頼し，助け合うこと。
相互理解，寛容		(10) 自分の考えや意見を相手に伝えるとともに，相手のことを理解し，自分と異なる意見も大切にすること。
C　主として集団や社会との関わりに関すること		
規則の尊重	(10) 約束やきまりを守り，みんなが使う物を大切にすること。	(11) 約束や社会のきまりの意義を理解し，それらを守ること。
公正，公平，社会正義	(11) 自分の好き嫌いにとらわれないで接すること。	(12) 誰に対しても分け隔てをせず，公正，公平な態度で接すること。
勤労，公共の精神	(12) 働くことのよさを知り，みんなのために働くこと。	(13) 働くことの大切さを知り，進んでみんなのために働くこと。
家族愛，家庭生活の充実	(13) 父母，祖父母を敬愛し，進んで家の手伝いなどをして，家族の役に立つこと。	(14) 父母，祖父母を敬愛し，家族みんなで協力し合って楽しい家庭をつくること。
よりよい学校生活，集団生活の充実	(14) 先生を敬愛し，学校の人々に親しんで，学級や学校の生活を楽しくすること。	(15) 先生や学校の人々を敬愛し，みんなで協力し合って楽しい学級や学校をつくること。
伝統と文化の尊重，国や郷土を愛する態度	(15) 我が国や郷土の文化と生活に親しみ，愛着をもつこと。	(16) 我が国や郷土の伝統と文化を大切にし，国や郷土を愛する心をもつこと。
国際理解，国際親善	(16) 他国の人々や文化に親しむこと。	(17) 他国の人々や文化に親しみ，関心をもつこと。
D　主として生命や自然，崇高なものとの関わりに関すること		
生命の尊さ	(17) 生きることのすばらしさを知り，生命を大切にすること。	(18) 生命の尊さを知り，生命あるものを大切にすること。
自然愛護	(18) 身近な自然に親しみ，動植物に優しい心で接すること。	(19) 自然のすばらしさや不思議さを感じ取り，自然や動植物を大切にすること。
感動，畏敬の念	(19) 美しいものに触れ，すがすがしい心をもつこと。	(20) 美しいものや気高いものに感動する心をもつこと。
よりよく生きる喜び		

小学校第５学年及び第６学年（２２）	中学校（２２）	
A 主として自分自身に関すること		
(1) 自由を大切にし，自律的に判断し，責任のある行動をすること。	(1) 自律の精神を重んじ，自主的に考え，判断し，誠実に実行してその結果に責任をもつこと。	自主，自律，自由と責任
(2) 誠実に，明るい心で生活すること。		
(3) 安全に気を付けることや，生活習慣の大切さについて理解し，自分の生活を見直し，節度を守り節制に心掛けること。	(2) 望ましい生活習慣を身に付け，心身の健康の増進を図り，節度を守り節制に心掛け，安全で調和のある生活をすること。	節度，節制
(4) 自分の特徴を知って，短所を改め長所を伸ばすこと。	(3) 自己を見つめ，自己の向上を図るとともに，個性を伸ばして充実した生き方を追求すること。	向上心，個性の伸長
(5) より高い目標を立て，希望と勇気をもち，困難があってもくじけずに努力して物事をやり抜くこと。	(4) より高い目標を設定し，その達成を目指し，希望と勇気をもち，困難や失敗を乗り越えて着実にやり遂げること。	希望と勇気，克己と強い意志
(6) 真理を大切にし，物事を探究しようとする心をもつこと。	(5) 真実を大切にし，真理を探究して新しいものを生み出そうと努めること。	真理の探究，創造
B 主として人との関わりに関すること		
(7) 誰に対しても思いやりの心をもち，相手の立場に立って親切にすること。	(6) 思いやりの心をもって人と接するとともに，家族などの支えや多くの人々の善意により日々の生活や現在の自分があることに感謝し，進んでそれに応え，人間愛の精神を深めること。	思いやり，感謝
(8) 日々の生活が家族や過去からの多くの人々の支え合いや助け合いで成り立っていることに感謝し，それに応えること。		
(9) 時と場をわきまえて，礼儀正しく真心をもって接すること。	(7) 礼儀の意義を理解し，時と場に応じた適切な言動をとること。	礼儀
(10) 友達と互いに信頼し，学び合って友情を深め，異性についても理解しながら，人間関係を築いていくこと。	(8) 友情の尊さを理解して心から信頼できる友達をもち，互いに励まし合い，高め合うとともに，異性についての理解を深め，悩みや葛藤も経験しながら人間関係を深めていくこと。	友情，信頼
(11) 自分の考えや意見を相手に伝えるとともに，謙虚な心をもち，広い心で自分と異なる意見や立場を尊重すること。	(9) 自分の考えや意見を相手に伝えるとともに，それぞれの個性や立場を尊重し，いろいろなものの見方や考え方があることを理解し，寛容の心をもって謙虚に学び，自らを高めていくこと。	相互理解，寛容
C 主として集団や社会との関わりに関すること		
(12) 法やきまりの意義を理解した上で進んでそれらを守り，自他の権利を大切にし，義務を果たすこと。	(10) 法やきまりの意義を理解し，それらを進んで守るとともに，そのよりよい在り方について考え，自他の権利を大切にし，義務を果たして，規律ある安定した社会の実現に努めること。	遵法精神，公徳心
(13) 誰に対しても差別をすることや偏見をもつことなく，公正，公平な態度で接し，正義の実現に努めること。	(11) 正義と公正を重んじ，誰に対しても公平に接し，差別や偏見のない社会の実現に努めること。	公正，公平，社会正義
(14) 働くことや社会に奉仕することの充実感を味わうとともに，その意義を理解し，公共のために役に立つことをすること。	(12) 社会参画の意識と社会連帯の自覚を高め，公共の精神をもってよりよい社会の実現に努めること。	社会参画，公共の精神
	(13) 勤労の尊さや意義を理解し，将来の生き方について考えを深め，勤労を通じて社会に貢献すること。	勤労
(15) 父母，祖父母を敬愛し，家族の幸せを求めて，進んで役に立つことをすること。	(14) 父母，祖父母を敬愛し，家族の一員としての自覚をもって充実した家庭生活を築くこと。	家族愛，家庭生活の充実
(16) 先生や学校の人々を敬愛し，みんなで協力し合ってよりよい学校をつくるとともに，様々な集団の中での自分の役割を自覚して集団生活の充実に努めること。	(15) 教師や学校の人々を敬愛し，学級や学校の一員としての自覚をもち，協力し合ってよりよい校風をつくるとともに，様々な集団の意義や集団の中での自分の役割と責任を自覚して集団生活の充実に努めること。	よりよい学校生活，集団生活の充実
(17) 我が国や郷土の伝統と文化を大切にし，先人の努力を知り，国や郷土を愛する心をもつこと。	(16) 郷土の伝統と文化を大切にし，社会に尽くした先人や高齢者に尊敬の念を深め，地域社会の一員としての自覚をもって郷土を愛し，進んで郷土の発展に努めること。	郷土の伝統と文化の尊重，郷土を愛する態度
	(17) 優れた伝統の継承と新しい文化の創造に貢献するとともに，日本人としての自覚をもって国を愛し，国家及び社会の形成者として，その発展に努めること。	我が国の伝統と文化の尊重，国を愛する態度
(18) 他国の人々や文化について理解し，日本人としての自覚をもって国際親善に努めること。	(18) 世界の中の日本人としての自覚をもち，他国を尊重し，国際的視野に立って，世界の平和と人類の発展に寄与すること。	国際理解，国際貢献
D 主として生命や自然，崇高なものとの関わりに関すること		
(19) 生命が多くの生命のつながりの中にあるかけがえのないものであることを理解し，生命を尊重すること。	(19) 生命の尊さについて，その連続性や有限性なども含めて理解し，かけがえのない生命を尊重すること。	生命の尊さ
(20) 自然の偉大さを知り，自然環境を大切にすること。	(20) 自然の崇高さを知り，自然環境を大切にすることの意義を理解し，進んで自然の愛護に努めること。	自然愛護
(21) 美しいものや気高いものに感動する心や人間の力を超えたものに対する畏敬の念をもつこと。	(21) 美しいものや気高いものに感動する心をもち，人間の力を超えたものに対する畏敬の念を深めること。	感動，畏敬の念
(22) よりよく生きようとする人間の強さや気高さを理解し，人間として生きる喜びを感じること。	(22) 人間には自らの弱さや醜さを克服する強さや気高く生きようとする心があることを理解し，人間として生きることに喜びを見いだすこと。	よりよく生きる喜び

191

執筆者

小林　幹夫（こばやし・みきお）
　　明星大学教育学部特任教授　第1・2・6章

堀家　千晶（ほりけ・ちあき）
　　明星大学教育学部特任教授　第4章　第3節

樋口　郁代（ひぐち・いくよ）
　　明星大学教育学部特任教授　第4章　第1・2・4節

大原　龍一（おおはら・りゅういち）
　　明星大学教育学部特任教授　第3章　第4章　第5・6・7・8節　第5章

道徳教育と道徳科の授業展開

2017年12月25日　第1刷
2024年1月22日　第7刷

編著者　小　　林　　幹　　夫

発行者　落　　合　　一　　泰

発行所　明　星　大　学　出　版　部
　　　　〒191-8506 東京都日野市程久保2-1-1
　　　　　　　　電話　042-591-9979

印刷・製本　信濃印刷株式会社　　　　　　　　©2017
ISBN978-4-89549-210-2 C3037